Edith Stojanov

HUERTA ORGANICA

Una opción saludable

REYSA
ediciones

Diseño de Cubierta:
Juan Manuel Boccarelli

Diseño, diagramación interior e ilustraciones:
Marcelo G. Barg

Edith Stojanov
Huerta Orgánica
1º ed - Buenos Aires: Reysa Ediciones SRL,
2005. 160 p.; 15 x 22 cm.
ISBN 987-20649-4-6

I.S.B.N.: 987-20649-4-6

Libro de edición Argentina
Queda hecho el depósito que previene la Ley 11.723.
Copyright © by Reysa Ediciones
Impreso en la Argentina. Printed in Argentina
Reysa Ediciones S.R.L
Avda. Cobo 1857 >C1406ILD>Buenos Aires >Argentina
Tel./Fax: (5411) 4921-2224>(5411) 4924-2646

info@reysaediciones.com.ar
www.reysaediciones.com.ar

Introducción

El lector interesado en la horticultura encontrará en este libro todo lo que necesita saber sobre la huerta orgánica, los tipos de siembra, los métodos de cultivo, los abonos, el riego, y las características y los aportes nutricionales de cada una de las hortalizas.

Cultivar una huerta orgánica significa decidirse a encarar una actividad que brindará satisfacciones desde el punto de vista físico y psíquico. También mejorará la calidad de vida, pues toda la familia consumirá productos sanos, no contaminados. Y, ¿por qué no?, hasta podría convertirse en un pequeño negocio.

Debido a la manipulación genética destinada a aumentar la resistencia a las diversas pestes y mejorar su rendimiento, las verduras y las frutas se han vuelto insípidas, diferentes a las de antes en cuanto a su forma, textura y color y, fundamentalmente, no satisfacen las expectativas nutricionales de esos productos.

Ese motivo, sumado a la experiencia adquirida en programas de huertas orgánicas para gente carenciada o con deficiencias alimentarias, y mi trayectoria como licenciada en nutrición, me impulsaron a escribir este libro. Me propongo transmitir los conocimientos básicos sobre los pasos a seguir para desarrollar una huerta orgánica; señalar los aportes nutricionales de cada uno de los productos que de ella se extraerán; y sugerir algunas recetas para variar la alimentación y aprovechar al máximo el potencial de la cosecha. Además de incluir información sobre los beneficios que, a la luz de una prevención natural de las enfermedades, nos aportan cada uno de los vegetales.

Es aconsejable leer con atención todo el libro antes de comenzar los trabajos. Se evitarán así realizar tareas inadecuadas u omitir detalles que harían fracasar los cultivos.

Espero que esta obra contribuya a mejorar la calidad de vida de quienes la lean. Las tareas que se realizan en la huerta se verán ampliamente compensadas por las satisfacciones que sentirán al ver crecer los frutos del esfuerzo personal, y consumir productos frescos más sanos y nutritivos.

La autora

HUERTA ORGANICA

Una opción saludable

¿Por qué una huerta orgánica?

¿Qué es la huerta orgánica intensiva?

La huerta orgánica es la producción que se obtiene de aprovechar la capacidad de descomposición y asimilación del suelo, aumenta su fertilidad para no agotar la tierra y facilitar la alimentación de las plantas.

Según los informes de la UNESCO sobre la desertización de la corteza terrestre, este fenómeno afecta, o amenaza con afectar 51.720.000 kilómetros cuadrados de su superficie.

El informe alerta sobre el hecho de que gran parte de las tierras están degradadas y se pierden como consecuencia de actividades humanas inadecuadas, como la sobreexplotación del suelo por pastoreo o los cultivos intensivos, sin rotación y sin tomar los recaudos pertinentes.

En estas áreas susceptibles de desertización, viven 900 millones de personas y más de 200 millones viven en regiones que ya han perdido su capa vegetal.

La situación es alarmante también en los grandes centros urbanos. El 50% de la población de todo el mundo vive en ciudades y sus periferias, mientras que en América Latina esta cifra asciende a casi el 70%. Una parte significativa de sus habitantes no accede al nivel alimentario necesario.

Más allá de los planes de asistencia alimentaria que se llevan a cabo, la autoproducción en pequeña escala es una alternativa posible para mejorar la calidad de la alimentación de los habitantes; además genera espacios de participación activa y solidaria que acrecientan la dignidad del ser humano.

La huerta orgánica es una forma natural y económica de producir alimentos sanos durante todo el año.

 Es natural: porque imita los procesos que se dan en la naturaleza, respetando sus leyes y toda la vida que ella produce. Busca incrementar la fertilidad natural del suelo, manteniendo el equilibrio entre los elementos vivos y muertos, en procesos de transformación y de descomposición.

 Es económica porque apunta hacia la autosuficiencia, valorizando el uso de los elementos disponibles localmente y produciendo los insumos necesarios dentro de la propia huerta. Produce alimentos sanos: libres de productos tóxicos que pondrían en riesgo nuestra salud.

 Si se planifica bien, asegura **durante todo el año** el abastecimiento de una gran variedad de hortalizas para toda la familia.

¿Qué necesita la huerta orgánica intensiva para producir todo el año?

Una **huerta orgánica** es la suma de una correcta asociación de plantas, del uso de abonos orgánicos y de una rotación adecuada.

- Una correcta asociación de plantas significa sembrar o plantar juntas aquellas plantas que por uno u otro motivo se complementan beneficiándose entre sí.
- Con el uso de abonos orgánicos, se evitan los fertilizantes químicos que generalmente tienen efectos secundarios del ser humano.
- Una rotación adecuada significa alternar convenientemente distintos cultivos en el transcurso en el tiempo.
- Las rotaciones permiten evitar las plagas, conservar la fertilidad de la tierra y tener hortalizas durante todo el año.
- La huerta orgánica produce una gran variedad de verduras que brindan vitaminas y minerales, lo cual asegura una alimentación equilibrada.

 ¿Qué nos aportan las hortalizas?
Proveen minerales como el: hierro, fósforo, calcio, magnesio.
Son ricas en vitaminas C, betacarotenos y del grupo B.
Aportan fibra a la alimentación, lo que favorece la digestión.
Las legumbres que se cultivan en la huerta, además, proveen cierta cantidad de proteínas.

Nuestra Tierra

El suelo se compone de diversos elementos minerales y cierta cantidad de materia orgánica. Esta última es el resultado de la descomposición de la materia orgánica y vegetal caída al suelo; y por lo tanto es rica en nutrientes.

El cuidado del suelo es primordial para obtener cultivos fuertes, que sean resistentes a las plagas y a las enfermedades, y que produzcan alimentos sanos.

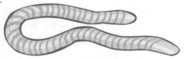

El humus —tierra fértil— es un elemento vivo. Junto con los minerales que lo componen lo habitan millones de organismos y microorganismos que favorecen el crecimiento y la salud de los cultivos.

Estos organismos y microorganismos son los que posibilitan o aceleran la descomposición de los materiales orgánicos, los restos vegetales o animales, que enriquecen el suelo. Es de vital importancia la acción de las lombrices, pues su organismo convierte en un excelente fertilizante natural la tierra que devoran, y los túneles que cavan facilitan el aireado de la tierra.

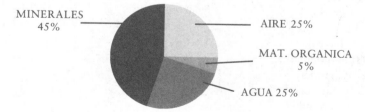

Composición óptima del suelo. Los porcentajes de minerales, materia orgánica, agua y aire que se indican en el gráfico describen un sustrato ideal. Las variaciones en esta composición definen la calidad de los distintos suelos

Cómo reconocer si el terreno donde desea hacer la huerta es apto para cultivar

El color del suelo, la maleza que crece naturalmente, la textura o la consistencia pueden indicar la cantidad de materia orgánica o de sales que se concentran en los distintos tipos de suelo.

Para reconocer la textura del suelo se toma una porción de tierra, se mezcla con agua y se intenta amasarla. Luego se forma un rollito con el amasado.

- Si puede formar el rollito pero se rompe con facilidad, se trata de un suelo franco. Esos suelos resultan aterciopelados al tacto. Son los mejores para el cultivo de cualquier tipo de planta porque les transmiten muy bien sus nutriente. Retienen el agua y, a la vez, la drenan sin dificultad. No se encharcan y se trabajan fácilmente. En su composición predomina el limo.

- Si el amasado se mantiene firme, el suelo es arcilloso. Es sencillo darse cuenta de ello, porque la arcilla se adhiere a la mano. Son suelos ricos en nutrientes, pero no los ceden con facilidad. Se secan lentamente y en forma despareja. Las raíces encuentran dificultades para crecer porque sus poros son muy pequeños y difíciles de penetrar.

- Con los sustratos arenosos ni siquiera se podrá obtener una masa. La arena es rugosa y, por supuesto, no se pega. Esos suelos tienen baja capacidad de retención del agua. Son pobres en nutrientes pero fáciles para trabajar. Contienen mucho aire y las raíces se desarrollan con fuerza. Permiten el cultivo de hortalizas siempre que antes reciban una dosis de materia orgánica.

Los yuyos que crecen espontáneamente en una región, inclusive en el terreno destinado a la huerta, brindan información acerca de las características del mundo subterráneo. Algunas malezas sólo crecen en condiciones del suelo ideales, como ser: suelo fértil, con buen drenaje. Otras crecen en suelos fértiles pero anegadizos. Algunas, en cambio, crecen en suelos modificados por el hombre.

SUELO FERTIL	SUELO BAJO	SUELO MODIFICADO
Lengua de vaca	Pasto salado	Nabón
Tréboles	Pasto cebollín	Mostacilla
Flor morada	Menta	Pelo de chancho
Borraja		
Huevo de gallo		
Chamico		
Cebadilla criolla		
Pasto miel		
Achicoria		
Verbena		
Dichondra		

Después de reconocer las características del sustrato se puede modificar su composición para adaptarlo a las necesidades de las especies que se van a cultivar:

Cómo mejorar el suelo

- *Suelos oscuros y fértiles:*
  El problema que puede presentar es que se compacte e impida la circulación del aire, lo cual dificulta el crecimiento de las bacterias que sintetizan los nutrientes de las plantas. Si eso ocurre, se da vuelta el sustrato superficial.

- *Suelos arcillosos:*
  Con esos suelos es necesario dar vuelta todo el terreno. Si el lugar es pequeño es posible hacerlo con una pala. Una vez removida una capa de por lo menos 40 centímetros, se agrega arena gruesa de río, a razón de un metro cúbico cada 50 metros cuadrados de terreno. También se puede agregar un metro cúbico de materia orgánica cada 200 metros cuadrados.

- *Suelos arenosos:*
  Como presentan dificultades para retener el agua y pobres en nutrientes, necesitan materia orgánica y tierra negra para que mejore su capacidad de retención y para que puedan aportar alimentos a las plantas. Se les agrega tierra negra a razón de no menos un metro cúbico cada 50 metros cuadrados de terreno.

¿Porqué se agotan los suelos?

Diversos son los motivos que provocan o aceleran el agotamiento de los suelos. Uno de ellos es la repetición de idénticos cultivos, año tras año en el mismo terreno, porque causa el agotamiento de ciertos nutrientes; a su vez, la utilización contínua de ese suelo sin reponerle la fertilidad que las plantas consumen, termina empobreciéndolo. Para evitarlo, en la huerta orgánica se realizan rotaciones de cultivos y la tierra se enriquece con abonos. Otro de los motivos es la sucesión de cultivos que se nutren de los mismos componentes del suelo.

Los suelos desnudos también corren serios riesgos de desgastarse por efecto del impacto de las gotas de agua o del viento. Por ejemplo, la lluvia fuerte impacta sobre el suelo, y lo deshace en partículas cada vez más diminutas. Cuando el sol las seca, dichas partículas taponan la superficie de la tierra y forman «costras» que dificultan el crecimiento de las plantas. El viento también daña el suelo desprotegido, pues «barre» su capa superficial, que es precisamente la más valiosa.

¿Cómo cuidar la tierra?

Si se trata como es debido, es posible transformar una tierra mala en tierra orgánica, apta para el cultivo de verduras.

Para impedir o contrarrestar la acción de los factores que causan el agotamiento de los suelos se debe evitar que permanezcan desnudos, pues así se reduce la acción de los agentes erosivos, como la lluvia y el viento. Lo ideal es mantener la tierra siempre cubierta con plantaciones. Si eso no fuera posible es conveniente cubrirla con mantillo

Cuando se puntea la tierra no hay que dar vuelta el pan, pues los primeros centímetros son siempre los más fértiles. Es conveniente remover la tierra con la pala y luego aflojarla con la horquilla.

 Existen dos maneras de asegurar la fertilidad de la tierra; una, mediante las rotaciones con plantas que reponen la fertilidad, y otra enriqueciéndola con abonos de superficie, verdes o compuestos.

Las rotaciones

No todos los cultivos absorben de la tierra los mismos componentes por lo que, rotando los cultivos, se evita quitarle al suelo grandes cantidades de alguna sustancia especifica. Incluso algunas plantas le devuelven ciertos componentes que mejoran su fertilidad; por ejemplo, las habas renuevan el nitrógeno que absorben las verduras de hoja. Si el cultivo de las mismas hortalizas, o de sus similares, se repite siempre en el mismo lugar, el terreno se va empobreciendo más de un elemento que de otro, y pierde el equilibrio de su composición. Por eso, planificar la rotación significa saber elegir nuevos cultivos que no se nutran de los mismos componentes del suelo que absorvieron los cultivos anteriores. La rotación adecuada no sólo conserva la fertilidad del suelo; cambiar de tablón año tras año también ayuda a prevenir el ataque de las plagas y de las enfermedades.

A fin de conservar y aumentar la calidad de la tierra, es aconsejable planificar rotaciones en las cuales se sucedan los siguientes grupos de hortalizas.

- *Reponedoras*
Se llaman así porque son plantas que enriquecen la tierra, aportándole fertilidad. Se deben sembrar desde el momento en que se inicia la huerta, de esta manera se va mejorando la tierra en la que se sembrará, más adelante, verduras de hoja, que son cultivos bastante delicados. Las plantas con función reponedora son las leguminosas como los porotos, las habas, y también pueden ser flores como copetes y caléndulas que fijan el nitrógeno en la tierra, uno de los principales nutrientes para las plantas.

- *Consumidoras rústicas*
Reciben ese nombre porque crecen bien en terrenos donde la materia orgánica no alcanzó su descomposición total; es decir, cuando su estado es aún de materia orgánica en bruto. Entre ellas están los repollos, los tomates, las acelgas y los zapallos

- *Consumidoras finas.*
Esas plantas necesitan que la materia orgánica esté bien descompuesta, que la tierra sea de textura fina y desmenuzada. Por eso no es aconsejable sembrarlas en tierras malas o en suelos que nunca han sido cultivados. Sólo se podrán sembrar después de mejorar la tierra y dejarla en condiciones adecuadas. Las lechugas, las zanahorias y las espinacas son consumidoras finas.

También se pueden hacer rotaciones beneficiosas tomando como regla que en los tablones se sucedan: Primero las hortalizas de raíz —zanahorias, remolachas, etc.—; luego las hortalizas de hoja —lechugas, acelgas, espinacas, etc.—; y por último las hortalizas de fruto —tomates, pimientos, berenjenas, zapallos, etc.

Estas rotaciones permiten que las plantas que se van sucediendo aprovechen mejor todas las capas y todos los nutrientes de la tierra. Por ejemplo, las hortalizas de raíz son más consumidoras de potasio, mientras que las de hoja consumen el nitrógeno.

 Saber qué consumen las hortalizas permitirá hacer las siembras asociadas, es decir, sembrar en cada tablón más de una especie. Al cultivar variedades que no compiten entre sí por los mismos nutrientes se aprovecha al máximo todo el terreno.

Para que las plagas y enfermedades no se propaguen en los tablones hay que evitar la rotación de cultivos emparentados por su naturaleza. La manera más sencillo de rotar los cultivos en la huerta es hacerlo de acuerdo con la parte que se come de la planta: la hoja, la raíz, la flor, la vaina y los frutos.

Ejemplo de rotaciones en el mismo tablón: primer año: hortalizas de granos y frutos; segundo año, hortalizas de raíz y de bulbos; tercer año, hortalizas de hojas; y cuarto año, hortalizas de tubérculos.

HABAS TOMATE ZAPALLO → ZANAHORIA CEBOLLA PUERRO → LECHUGA ESPINACA REPOLLO → REMOLACHA RABANITO COLIFLOR

No se deben suceder entre sí espinacas, remolachas y acelga; ni tomates, pimientos, berenjenas y papas, y tampoco lechugas, achicorias y escarolas.

 Para que la tierra de la huerta se alimente durante el invierno es aconsejable sembrar habas. Eso permitirá disponer de un tablón mejorado para sembrar tomates en primavera y en donde el invierno siguiente se podrán cultivar verduras con éxito.

Planificar la huerta

Si se piensa en cultivar algunas hierbas aromáticas, o sólo un par de plantas de tomate, cualquier lugar es bueno. En cambio, si los planes son algo más ambiciosos sería ideal contar con cierta planificación para aprovechar el espacio disponible, lograr cierto equilibrio entre los cultivos y evitar los problemas que traería cultivar la misma especie o una parecida siempre en el mismo lugar.

Es aconsejable comenzar con una quinta no demasiado grande, así no resultará muy difícil cuidarla, pues es muy deprimente que una huerta esté descuidada.

Al decidir dónde emplazar la huerta conviene conocer el terreno que se tiene a disposición. No es necesario tener un campo. Se puede hacer en cualquier lugar, incluso en terrazas, patios o balcones. Cuanto más pequeño es el lugar de la huerta, más selectiva tiene que ser. Habrá que sembrar sólo aquello que brinda mucho placer comer (aun no se desarrollaron genéticamente árboles de torta de chocolate, pero no desespere que en cualquier momento nos dan la sorpresa).

Antes de tomar la pala y comenzar a cavar conviene plantearse una serie de interrogantes:

¿Cuál es la trayectoria del sol en verano, y cuál en invierno?

¿De dónde vienen los vientos más fuertes y fríos?

¿Si lloviera muchísimo, por dónde circularía el agua?

¿Cómo llevar el agua hasta la quinta?

Llegó el momento de ponder manos a la obra.

Lo primero que se debe hacer es diseñar el lugar donde se va a desarrollar la huerta. Para eso es necesario tener en cuenta lo siguiente:

¿Dónde?

El lugar que se va a utilizar para la quinta permanecerá ocupado durante bastante tiempo. La huerta no es un cantero que se puede cambiar al final de la temporada por uno distinto con otras flores, porque para tener una cierta variedad habrá que plantar árboles frutales y también hortalizas que tengan períodos más largos que una sola temporada.

Es aconsejable ubicarla hacia el norte, para que la exposición solar sea buena durante la mayor parte del día. Es conveniente que esté lejos de paredones o de árboles que le hagan demasiada sombra.

Debe estar cerca de una bomba u otra fuente de agua, eso asegurará la provisión de agua suficiente para regar los tablones que se prepararán. Excesivos metros de manguera pueden resultar muy incómodos a la hora de la preparación y del guardado.

¿Es adecuado el lugar elegido?

No debe haber piedras a escasa profundidad. Será muy difícil quitarlas, y además impedirá que las raíces de las plantas se desarrollen adecuadamente.

Conviene asegurarse de que no haya una capa demasiado arcillosa y compacta. Si es muy arcillosa se estancará el agua de lluvia o de riego, y eso puede echar a perder la cosecha.

No hay que elegir un lugar donde haya elementos extraños, como depósitos de basura, latas, plásticos, cables, caños, etc., pues resultan riesgoso para la salud. No obstante, es mejor aplicarse la vacuna antitetánica y protegerse con guantes de posibles lastimaduras o picaduras.

Facilitará mucho la tarea si hay una capa de tierra negra lo más profunda posible.

Al observar las plantas que crecen en el lugar destinado a la huerta se tendrá una idea de cómo es la tierra en ese lugar.

¿Qué se debe hacer?

Es necesario hacer un cerco alrededor del espacio destinado a la quinta para impedir la entrada de animales. Puede ser de alambre tejido tipo gallinero, o de cañas o maderas, donde trepen flores como los tacos de reina, o legumbres como las chauchas o los porotos. La puerta de acceso tiene que ser amplia para permitir el paso de una carretilla.

Si el sector del jardín donde se desea realizar la huerta tiene una pared, se puede aprovechar utilizándola como espaldera para las plantas trepadoras.

Cuatro o cinco tablones, o canteros, alcanzan para el consumo de una familia. Un buen ancho para los tablones es 1,20 metro porque permite trabajar cómodamente desde los dos lados.

El tamaño ideal de una quinta para una familia de 4 ó 5 personas es un espacio de 10 x 10 metros.

Si los vientos suelen ser muy fuertes de un determinado sector se pueden plantar árboles fuertes, o arbustos de tamaño mediano, para formar una barrera a fin de evitar que esos vientos perjudiquen el trabajo.

Hay que destinar un sector para los almácigos, lo más reparado posible, para evitar que las corrientes de aire retrasen su crecimiento y protegerlos del sol cuando se encuentran en su etapa inicial de desarrollo.

También se debe disponer de un área, ubicada cerca de la entrada, que llamaremos "sector social". No es precisamente el sitio donde el horticultor se reunirá con sus amigos, pero sí es el lugar desde el cual se puede visualizar toda la huerta y donde, además, se podrán dejar las cosas mientras se trabaja.

Los caminos que se diseñen deben ser lo suficientemente espaciosos como para que pase una carretilla. Serán senderos definitivos, pues cambiarlos de lugar suele ser costoso y complicado. Conviene recordar que los caminos deben asegurar el desagüe de la huerta. De no ser así, habrá que preparar los canteros lo más altos que sea posible.

Si lo que se va a hacer es una huerta en macetas obviamente no es necesario

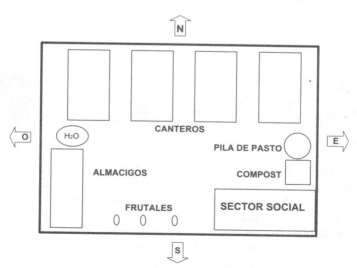

19

dejar un espacio de circulación tan amplio, basta con dejar un espacio suficiente para poder moverse con comodidad sin aplastar las plantas de las demás macetas.

También se debe contar con un lugar cerrado para guardar las herramientas. Así se evitará que se arruinen o que no se encuentren cuando se las necesite.

A partir del momento que se decide empezar a planificar una huerta se lleva un diario en el cual se anotará todo lo que se va haciendo; dónde se planta cada cosa; qué variedad de semilla dio mejores resultados; cuándo y cómo se sembraron; y cualquier otra información que se considere importante recordar en la próxima cosecha. Por ejemplo, si se produjeron heladas y cuándo sucedieron. Esos registros permitirán preveer dichos acontecimientos el año siguiente.

El diario también es muy útil para no volver a sembrar la misma hortaliza en el mismo lugar en la temporada siguiente, y así realizar correctamente la rotación de cultivos.

Es importante recordar que no es recomendable sembrar la misma hortaliza en el mismo lugar hasta después de transcurridos tres años, por lo menos.
Lo ideal sería destinar un tablón, o un cuadro, para algún cultivo fijo. Por ejemplo, los espárragos o los alcauciles. Una vez plantados, los espárragos brindarán sus frutos durante unos 30 años. Eso sí, habrá que ser pacientes, pues tardarán un par de años en dar los primeros frutos.

Las herramientas

Para comenzar una huerta se necesita:

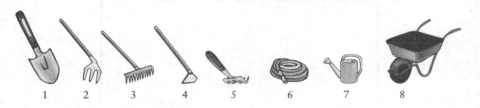

Una pala de punta(1), también llamada de puntear. Es imprescindible a la hora de cavar y para delimitar los márgenes de un cantero. Si cava frecuentemente en suelos arcillosos, se deberá elegir una pala de acero inoxidable, pues es más fácil mantenerla limpia.

Una horquilla de dientes duros (2), de uso tan versátil como el de una pala. Se necesita cuando hay que preparar un suelo aterronado o compacto, porque para eso no sirve la horquilla que se usa para juntar la paja.

Un rastrillo (3). Ese elemento es indispensable para emparejar la tierra y retirar las hojas secas en otoño.

Una azada normal (4), en la que la hoja forma un ángulo agudo con el mango. Se usa para remover la tierra.

Un escardillo (5), que se usa para los trabajos que requieren mayor cuidado, como quitar los yuyos, cavar zanjas para semillas y desplantar.

Una manguera (6) y una regadera (7). No es necesario explicar para que se van a utilizar.

Un rollo de hilo. Es muy útil para marcar los surcos, cerrar una bolsa de semillas que no se usó del todo y atar algún árbol que necesita tutor para crecer derecho.

Una carretilla (8), si la huerta fuese grande.

Cuando se elijan las herramientas es importante tener en cuenta que deben ser adecuadas a la estatura de quien las use, pues eso le permitirá realizar los trabajos con el menor esfuerzo posible, las tareas no les resultarán antinaturales y evitará los consiguientes dolores en el cuerpo. Por ejemplo, la extremidad del mango de la azada y de la horquilla deben coincidir con la altura de los ojos del horticultor. La altura ideal de una pala es la altura de su propia cintura.

CONSEJO PRÁCTICO

No debe olvidarse que cada herramienta fue diseñada para una función específica, no para usarla como martillo cuando éste no se tenga a mano. Si se usan mal se arruinarán, y probablemente se le aflojarán los mangos o se quebrarán.

Para mantenerlas en buen estado hay que limpiarlas después de cada uso. Es más difícil limpiarlas en el momento de usarlas nuevamente, ya que probablemente el barro se habrá endurecido. Las herramientas que no se utilicen durante largo tiempo se deben guardar engrasadas para que no se oxiden.

Distintos tipos de huerta

La horticultura vertical

La mayoría de las hortalizas se puede cultivar en dirección vertical en los huertos pequeños. El espacio que ocupan es mínimo y proyectan poca sombra, lo cual les permiten crecer bien a otras hortalizas. En general se tienden a ignorar las paredes laterales y los cercos perimetrales como espacios de cultivo, pero lo cierto es que ellos permiten duplicar el espacio disponible en la quinta, sobre todo si se quiere cultivar hortalizas rastreras, las que en un santiamén se extenderán por todo el espacio libre de suelo.

Para cultivar en dirección vertical se usa el sistema de eje o carpa. Se trata de armar una especie de carpa de indio pero sin la tela, un cono. Se usan cañas o listones de dos metros de alto, bien clavados en el suelo para que con la primera brisa no se vuelen hasta la casa de algún vecino. Esa estructura servirá de sostén donde pueden crecer todo tipo de plantas con guía, como pepinos, calabazas, zapallitos, habas, chauchas, porotos y frambuesas.

Esa estructura no ocupa más de un metro cuadrado, y en ella pueden trepar de cinco a 10 plantas, o aún más. Si el lugar disponible es muy reducido se pone más de una verdura en cada eje.

También se entierra un palo, que servirá de eje central, al cual se le colocará un anillo en la parte superior. Desde allí se le atarán cuerdas que se estaquearán en el suelo en forma cónica.

CONSEJO PRÁCTICO

Cuando la planta llegue a la parte superior del cono es conveniente cortar la guía superior, o sea despuntarla, para que los frutos y las ramas laterales crezcan con más vigor.

La horticultura en terrazas

Aunque no todos los terrenos se hallan en un suelo llano, eso no supone ninguna desventaja a la hora de cultivar. Es más, la acción de las heladas suele ser menor en los terrenos inclinados, e incluso es posible que las plantas reciban más sol. No obstante, ese tipo de terreno resulta muy difícil de trabajar si no se lo divide en terrazas.

Ese método, tan antiguo que ya lo usaban las civilizaciones precolombinas, es muy útil en terrenos con pendiente pronunciada y su práctica brinda muy buenos resultados.

Si se deja el terreno empinado, luego de una lluvia copiosa el agua arrastrará los nutrientes y las semillas, e incluso las plantas.

La técnica de las terrazas consiste en nivelar el suelo en forma de escalones, dejando en cada escalón el lugar necesario para el cultivo y el espacio cómodo para poder trabajar. Los escalones hay que sostenerlos con durmientes, ladrillos o piedras grandes que formen pequeños muros de contención y eviten que se desmoronen.

En el momento de la siembra hay que tomar precauciones para que cuando crezca la planta sembrada no tape a los niveles anteriores.

El cultivo en macetas

Consideradas muchas veces como una alternativa ante la ausencia de un terreno de cultivo al aire libre, las macetas permiten sacar mejor provecho a cualquier huerta, tanto en lo que se refiere al cultivo de hortalizas como a lo decorativas que son.

Así como se tienen macetones con plantas ornamentales en balcones y patios, de igual modo se puede tener una huerta.

Varias macetas de diversos tamaños, con hierbas y hortalizas, se podrían

agrupar al lado de alguna puerta, sobre escalones o en un patio; sin olvidar que se debe poder acceder cómodamente a todas ellas. También es posible incluir macetas colgantes para hierbas aromáticas o frutillas. Las ruedas debajo de las macetas permiten moverlas para que sigan la dirección del sol, o para protegerlas del frío y de las heladas, como se hacía en el palacio de Versalles con los limoneros. O simplemente para poder limpiar debajo.

Cada planta necesita un recipiente de tamaño adecuado. No es necesario que sean macetas específicamente, pueden ser latas, bidones de plástico, cajones de madera, o lo que sugiera la imaginación de cada uno. Es imprescindible hacer agujeros en la base de los recipientes para que tengan un correcto drenaje.

Algunas plantas de estación, como la lechuga mantecosa o la albahaca, se cultivan en macetas de 15 cm de diámetro sin necesidad de trasplantarlas, mientras otras necesitan más espacio a medida que van creciendo.

Las plantas que se cultivan en macetas requieren mayor frecuencia de riego. En épocas calurosas se riegan a diario, pero en invierno o en lugares sombríos la frecuencia debe ser menor.

Es necesario girar frecuentemente la maceta para forzar un crecimiento parejo de la planta. Tampoco se debe olvidar fertilizar frecuentemente las macetas al igual que las hortalizas plantadas al aire libre.

Se pueden cultivar en macetas las plantas de tomates tipo cherry y de chauchas enanas; las hierbas aromáticas, los árboles de quinotos, las frutillas, las frambuesas, y las variedades enanas de todas las hortalizas.

IDEA

10 O MAS KILOGRAMOS DE PAPAS EN CUBIERTAS PARA AUTOS

Sí, leyó bien. Trate de rescatar alguna cubierta de auto que se salvó de ser quemada en alguna manifestación y llénela hasta la mitad con tierra. Elija una papa de la variedad que más le guste y déjela brotar, luego corte todos los brotes dejando no más de 1 centímetro de pulpa de papa. Coloque los brotes sobre la cubierta con tierra, esparcidos de modo tal de dejar alrededor de 15 centímetros entre cada brote, cúbrala con tierra, riéguela y déjela crecer. Cuando asome la plantita cúbrala nuevamente con tierra tratando de dejar solo 1 centímetro de la planta sobre la superficie. Una vez completado el volumen de la cubierta, agréguele una más encima y continúe con el proceso, así hasta completar 4 o 5 cu-

biertas encimadas. En este momento deje que la planta continúe creciendo sin cubrirla con tierra. Cuando la planta se pone amarilla ése será el momento de cosechar. Sólo tire hacia arriba y obtendrá todo un rosario de papas.

Por supuesto no se olvide de regar y abonar las plantas como a cualquier otra hortaliza.

Si quiere cultivar batatas, siga el mismo proceso.

Si no le gusta la idea de las cubiertas, estas se pueden reemplazar por cantoneras (son la corteza de la madera que queda en los aserraderos luego que se procesan los arboles talados). Forme un gran maceton con la cantonera de aproximadamente 1 metro de alto y siga los mismos pasos que con las cubiertas, solo que en este caso no seguirá superponiendo más cantoneras.

Esta es una buena opción para agregar a la quinta tradicional.

La abonera, alimento de alimentos

Abonar el suelo no sólo es una forma de devolverle lo que las plantas les extraen, es también la manera más efectiva de mejorar su estructura, de hacerlo más esponjoso para que retenga agua y nutrientes, y de airearlo a fin de que las plantas puedan crecer fuertes y sanas. Para obtener cosechas de buena calidad lo mejor es enriquecer la tierra con abono, fertilizantes y compost, productos que muchas veces se obtienen al reciclar los restos orgánicos de la casa y del propio jardín.

Hay dos maneras de abonar naturalmente; el compost, o abono orgánico, y el abono verde.

Todo lo que tuvo vida vuelve a tenerla; restos de cocina, papel, cenizas, hojas de otoño, cáscara de huevo, té, café, etc.

A continuación se indican qué elementos se incluyen, y cuáles no, para producir abono orgánico

SI	NO
Cáscaras de frutas	Carne
Huesos molidos	Plásticos
Restos de verduras	Huesos enteros
Pasto	Hojas de eucaliptos
Estiércol de vaca, caballo y gallina	Ramas de ciprés
Cáscaras de huevos	Excrementos de perros, gatos
Ceniza de madera	y cerdos
Cáscaras de cítricos	Malezas rastreras
Té	Vidrios
Café	Grasas
	Excrementos humanos
	Salsas

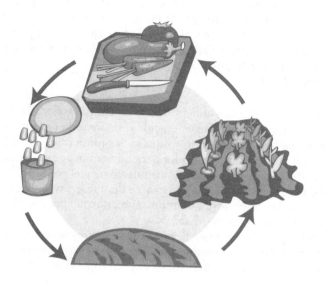

Destinar un área de la huerta donde se comenzará a hacer la abonera. Se suelen poner en marha dos o tres simultáneamente, de modo tal que siempre se disponga de abono suficiente.

¿Cómo se hace?

Se arma un alambrado alto con tela metálica, parecida a la de los gallineros pero de agujeros más chicos; o bien se usa un recipiente de plástico, un tambor agujereado, o un contenedor hecho con listones de madera.

El recipiente tiene que estar bien ventilado, y un poco separado del suelo para permitir que también circule el aire por debajo.

Primero se pone en la base una capa de tierra, y sobre ella se van intercalando capas de restos de comida con capas de estiércol de vaca, de caballo o de gallina, capas de pasto recién cortado -también conocido como mantillo- y capas de tierra.

Se debe humedecer toda la abonera sin encharcarla. Se tapa y se deja que la naturaleza haga su proceso. Se remueve periódicamente y se mantienen húmedos los ingredientes de ese alimento. Luego, se repiten los pasos hasta que el recipiente esté lleno. El abono se humedece entre capa y capa, se mantiene tapado y se le agregan casquitos de cítricos entre las capas para ahuyentar a las hormigas. Tratar de que los elementos que se fueron agregando no sean en trozos grandes para evitar que se apelmace. Tampoco se agregan en otoño demasiadas hojas secas juntas, pues mantienen mucho la humedad y la abonera puede pudrirse.

Al remover la abonera se debe sentir un agradable olor a bosque. En cambio, si se siente un desagradable olor a podrido significará que en algún momento se ha cometido un ERROR. Será necesario desecharla y comenzar de nuevo.

Se podría decir que la abonera imita, en forma acelerada y controlada, el proceso de descomposición y regeneración de la materia orgánica que se produce naturalmente en los suelos de los bosques y las praderas. Al hacer la abonera se crean las condiciones más favorables para alimentar un proceso en el que intervienen la materia orgánica, los organismos vivos y el oxígeno.

Al poco tiempo la abonera comienza a calentarse hasta alcanzar unos 60° C. Ese aumento de la temperatura es importante, porque provoca la eliminación de gran cantidad de semillas de malezas.

Como las capas exteriores no llegan a calentarse, es necesario remover completamente la pila y volverla a amontonar para lograr un segundo aumento de temperatura; esta vez el proceso es más suave y el incremento de temperatura es menor.

Algunas variantes

El abono compuesto también se puede hacer en un pozo. Es una forma muy usada en el campo, que consiste en acumular los desechos en pozos o en zanjas. Dicho sistema no es apto para zonas muy húmedas, donde sólo es aconsejable hacerlo durante el verano, pues el exceso de humedad puede pudrir el abono en la temporada invernal.

Para hacerlo en un tambor se necesita un recipiente de 200 litros, sin tapa y sin la base; es decir, abierto en sus dos extremos, al que se le harán agujeros en toda la superficie. Se cubre con una madera. Se puede apoyar sobre unos ladrillos para mantenerlo separado del suelo; de la base se extraerá el abono una vez terminado el proceso.

Si se trata de una abonera chica se pueden usar los cajones de frutas.

Para que quede más prolijo, se pueden hacer aboneras grandes con madera formando cajones, o algo similar a un corralito, hecho con alambre tejido. ¡Muchas opciones para un mismo método!

¿Cuándo estará listo?

En aproximadamente tres meses durante el verano, y unos seis meses en el invierno, la abonera se convierte en tierra negra, inclusive con lombrices.

El abono orgánico está listo cuando ya no sea posible distinguir los elementos que se habían incorporado; vale decir, cuando esté lo suficientemente desintegrado y haya adquirido el aspecto de la tierra esponjosa. Tendrá el característico buen olor de la tierra fértil.

 Aunque parezca increíble, es muy común que en la abonera se encuentren lombrices que no se habían puesto allí. Eso también ocurre en los balcones, lugares tan poco accesibles para ellas.

La separación del abono

El abono se separa con una zaranda de un centímetro de malla. Mediante esa operación se obtienen tres tipos de materiales:

- Uno más grueso, formado por elementos que aún no se han descompuesto. Con ese material se inicia una nueva abonera.
- Uno mediano, que no llega a atravesar la zaranda. Se usa como capa protectora del suelo –acolchado- y se distribuye entre las plantas. Además de servir como abono, evita que crezcan yuyos y que la tierra se reseque.
- El material más fino y grumoso se usa como capa superficial de los almácigos y en los tablones, tanto en los surcos de la siembra directa como en los hoyos cuando se hacen los trasplantes.

El abono maduro se emplea a razón de tres a seis kilogramos por metro cuadrado, o se hace una capa de dos centímetros de espesor sobre el terreno a sembrar.

El compost fresco se usa para la familia del zapallo y de los tomates, el semimaduro para las verduras de hoja y las papas, y el maduro para todo.

El abono verde

Se llama así el cultivo de plantas que mejoran el suelo para luego incorporarlas a él y enriquecerlo. Son especialmente indicadas para intercalarlas entre los cultivos, en las franjas de tierra que quedan libres un mes o más, y también para usarlas como un acolchado vivo, cuya función es evitar que las lluvias abundantes arrastren los elementos nutritivos y dañen la estructura del suelo. Las plantas adecuadas son las habas, el choclo y la mostaza.

Si las plantas se abonan directamente con fertilizantes químicos crecerán bien al principio, pero resultarán mucho más vulnerables a las inclemencias del tiempo y no estarán tan rozagantes como si se les proporciona un suelo rico en materia orgánica. Eso se debe a que el humus contiene un conjunto de bacterias y pequeños animales beneficiosos, como las lombrices, que enriquecen la estructura del suelo y estimulan el crecimiento de las plantas.

El acolchado, mulching, mantilla o abono de superficie, muchos nombres para una misma cosa

Así como los seres humanos usamos un acolchado para protegernos de las inclemencias climáticas, el suelo, en caso de haber quedado algún sector libre de cultivo durante un tiempo, también necesita una capa protectora para evitar que lo erosionen las lluvias, las heladas, los vientos y el sol del verano. Asimismo, el uso de ese acolchado, impide la aparición de yuyos invasores que crecen naturalmente para proteger el suelo de los agentes climáticos, cuyo desmalezado resultaría un trabajo tedioso y agobiante para el desprevenido horticultor que olvidó proteger su suelo.

No obstante, las malezas no son lo peor que le ocurre al suelo desnudo. La desecación provocada por el sol y el viento, y la exposición directa a las heladas, prácticamente paralizan toda la actividad biológica. La lluvia, a su vez, va desintegrando los grumos del suelo al golpearlos directamente, lo cual provoca que en la superficie se forme una costra impermeable. Cuando se pierde la estructura grumosa disminuye el volumen de los poros, y eso trae aparejada una reducción de la capacidad del suelo para contener el agua y el aire. Esos dos factores son indispensables para el mantenimiento de la flora bacteriana benéfica y el desarrollo normal de las raíces de las plantas.

La manera de evitar esos fenómenos negativos es simple y cuesta muy poco. Se debe cubrir el suelo desnudo con algún material orgánico económico y fácil de conseguir.

El uso de una capa de acolchado hecho con el material adecuado tiene además otras virtudes. Se usa para proteger ciertos frutos delicados del contacto directo con el suelo, para evitar que se ensucien, como las frutillas, o se pudran, como los melones y los zapallos.

 Los materiales que se emplean para acolchar son: el pasto recién cortado, la paja o el heno, que favorecen la aparición de hongos; las agujas de pino, pues la acidez que producen al descomponerse es beneficiosa para las papas y las frutillas; y las virutas de madera o las cortezas de árbol picadas, porque duran mucho tiempo sin descomponerse.

Preparación del suelo y siembra

Ahora si, manos a la obra. Empiece de a poco.

Si el terreno nunca se trabajó, primero hay que limpiarlo de piedras, latas, vidrios, alambres y cualquier elemento extraño. Cuando el terreno esté limpio se sacan todos los yuyos y la gramilla, de preferencia con la raíz completa; después de una lluvia es el mejor momento. Esos yuyos formarán parte del compost.

Después se delimita el terreno del cantero. De 1,2 metro de ancho por 6 metros de largo, o más, es una buena medida. El ancho es el que permite llegar fácilmente al centro del cantero, para no tener que pisar nunca la tierra trabajada. Eso es fundamental. El largo será el que se quiera dar a la quinta.

Se clavan cuatro estacas en los ángulos de los futuros canteros, o bancales, y se unen con hilo bien tenso para así dejar delimitada la zona. Con la azada se saca toda la cubierta vegetal, que luego se usará como abono. Desde uno de los extremos, siguiendo la línea del hilo, se comienza a puntear con la pala que resulte mas cómoda, no importa si es ancha o larga, se usa la que se tiene. Pero si hay que comprar una, la más indicada es una plana.

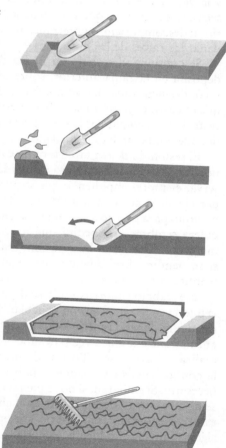

Se cava una franja de 30 centímetros, por la profundidad de la pala, a todo lo ancho del bancal. El bancal se cava por franjas. Se saca el pan de tierra y se pone fuera del pozo. La tierra obtenida en la primera franja se reserva para depositarla en el otro extremo del bancal, y la de cada franja se usará para tapar la franja anterior. Cada pan de tierra se debe desmenuzar con un par de golpes de pala. Eso es lo que se llama "sistema de bancal profundo". Es aconsejable no dar vuelta la tierra, pues la mejor, por poca que sea, es la más superficial.

Si la tierra está muy húmeda ese trabajo será muy dificultoso porque el barro se pegará a las herramientas. Es mejor esperar un par de días a que se seque un poco para que resulte más fácil. Después que se haya cavado la primera franja se perfora el fondo de la zanja con una herramienta punzante, por ejemplo con una horquilla. Así se irá aflojando la tierra para dar aún más lugar a las raíces que lo necesiten. Eso, además, facilitará la circulación del agua, el aire, los nutrientes y la vida subterránea. En el fondo de la zanja se deposita pasto seco o ramas secas. Los elementos que se usen tienen que estar bien secos, porque de lo contrario su descomposición subterránea producirá elevadas temperaturas que podrían dañar las raíces de las hortalizas.

Se continúa el trabajo en forma de franjas en todo el tablón. Siempre se deposita en la zanja anterior, sobre una capa de paja, la palada de tierra que sacó, desmenuzada. La última franja se llena con la tierra de la primera zanja que se cavó, cuya tierra se había reservado al hacer la primera zanja. Se pasa el rastrillo para emparejar la superficie y se terminan de deshacer los terrones grandes que pudieran haber quedado.

El resultado de esa tarea será un cantero más alto que la superficie del terreno, de consistencia esponjosa y mullida; condiciones que se deben tratar de conservar siempre, impidiendo que se pise o sea aplastado por la lluvia y resecado por el sol. Si no se piensa sembrar de inmediato hay que cubrir el cantero con mantillo para que no se arruine. Eso, además, lo mantendrá listo para cuando se quiera sembrar e impedirá que nazcan yuyos nuevamente. Cuando llegue el momento de sembrar bastará con retirar el acolchado y dejar orear una semana si se siembra directamente, pero ello no es necesario si se van a trasplantar plantitas ya germinadas.

Ese trabajo engorroso sólo se debe hacer la primera vez, cuando se organiza la huerta en terrenos que no se habían preparado antes. Algunos autores consideran que se debería repetir todos los años, pero mi propia experiencia me permite afirmar que esa única vez será suficiente si se mantiene la tierra cultivada y se le realiza un cavado sencillo a fin de airear la tierra, romper los terrones y mezclarla con los yuyos que pudieran haber crecido, además de agregarle el compost necesario. Si embargo, si no se piensa cultivar durante un período prolongado no se deja la tierra "desnuda", pues el clima la erosionará y habrá que realizar un esfuerzo enorme para volverla útil otra vez. Es preferible dejar que los yuyos sigan su proceso, o bien acolcharla.

CONSEJO PRÁCTICO

Lo aconsejable es cavar sólo cuando se tenga ganas de hacerlo, descansar de vez en cuando y detenerse antes de cansarse. El trabajo de la huerta debe ser un placer, no una tortura. La tarea resultará menos fatigosa si se conservan bien limpios los mangos y las hojas de las herramientas. Conviene no trabajar la tierra cuando está demasiado mojada, porque resultará muy difícil.

¿Qué sembrar?, esa es la cuestión

Antes de dar el paso fundamental de decidir qué se sembrará en la quinta hay que programar qué sería lo más adecuado. Puede suceder que se siembre demasiada cantidad de una hortaliza que después en realidad no se come, o que se obtenga una cosecha excesiva de la misma clase, toda junta, que luego no se llega a consumir.

Por dichos motivos, lo ideal es sembrar en forma escalonada; lo cual significa que no se debe sembrar todo a la vez, sino cada 15 días, calculando la cantidad que se irá consumiendo de acuerdo con el número de miembros de la familia. Así se aprovechará mejor la semilla. Además, no se cosechará mucha cantidad al mismo tiempo y después nada, y siempre se dispondrá de la lechuga, la acelga, la espinaca, el puerro, los rabanitos o el repollo que se necesiten.

Tabla de cálculos para una buena programación de las siembras escalonadas.

¿QUÉ SE COME?	¿CUÁNTO POR SEMANA?	¿CUÁNTOS SON?	SUMA TOTAL
Lechuga	2 plantas	5	10 plantas
Acelga	1 planta	5	5 plantas
Rabanitos	8	3	24 rabanitos
Tomates	4	5	20 tomates
Repollo	1/4 planta	4	1

En el momento de la siembra es importante considerar el espacio que llegará a ocupar la planta cuando se haya desarrollado. Por ejemplo, la planta del zapallo se extiende mucho y muy rápidamente, lo cual no significa que no se deba plantar. Tal vez la mejor opción es hacerlo en un sistema de eje o de carpa (véase *Los distintos tipos de huertas*).

CONSEJO PRÁCTICO

En cuanto a la elección y la conservación de las semillas es aconsejable comprar las de buena calidad, que vienen envasadas en bolsas de aluminio, y seguir estrictamente las instrucciones del sobre. Antes de sembrar hay que verificar si las semillas son fértiles. Para ello se coloca un puñadito de semillas en un vaso con agua; si la mayoría flota es señal de que no sirven. Se conservan protegidas de la luz y de la humedad.

Cómo sembrar; siempre hay una respuesta a todas las preguntas

Las semillas grandes, que germinan con facilidad y no requieran protección especial durante la primera etapa de crecimiento de la planta, se siembran directamente en el lugar. Es el caso del zapallo, el zapallito, el melón, el maíz, el poroto, la acelga, la espinaca y la remolacha. También se pueden sembrar directamente algunas semillas pequeñas, como las de la zanahoria, el perejil, el rabanito, la escarola y la lechuga. Ese tipo de siembra se llama "de asiento". Porque son más delicadas que las grandes, a la mayoría de las semillas chicas hay que cuidarlas muy especialmente hasta el momento de colocarlas en el lugar definitivo.

La siembra se realiza cuando haya pasado el peligro de las heladas, a fines del invierno, en épocas que varían según el cultivo, las cuales se pueden extender hasta mediados del otoño.

Una de las formas de sembrar se denomina al "voleo", (requiere una gran habilidad para distribuir las semillas en forma pareja, ¡yo aún no la conseguí!). Las semillas se reparten con la mano con movimientos giratorios sobre el bancal, cuidando de que no queden espacios muy cargados o zonas vacías. Luego se cubren con tierra fina. Se usa en cultivos de cosecha rápida, por ejemplo: rabanito, lechuga o espinaca. Una vez nacidas las plantitas, se procederá al raleo o transplante de las zonas que quedaron muy densas.

Otra técnica de siembra se llama "de líneas" o "en chorrillo", consiste en marcar con la azada o el mango del rastrillo, líneas longitudinales distantes a unos 25 centímetros entre sí, según el cultivo, de una profundidad tres veces mayor al tamaño de la semilla a plantar. A lo largo del surco se desliza la mano o el sobre con las semillas y se las deja caer teniendo cuidado de que no se amontonen o que queden muy separadas. Después se tapan los surcos con tierra fina. En ambos sistemas se apisona ligeramente la tierra para que la semilla tome pleno contacto con la tierra. Por supuesto no olvidarse de regar en forma de lluvia.

La cobertura del suelo

Después de sembrar se cubre la superficie con una pequeña capa de pasto cortado, de aserrín o de hojas secas, de unos dos centímetros de altura, y luego se riega. Esa práctica tiene la ventaja de evitar que se encostre el suelo por efecto del agua de lluvia o de riego; reduce la pérdida de agua por la evaporación; y a la vez sirve de abono, lo cual permite que se vayan reponiendo los nutrientes que se extraen del suelo, e impide el crecimiento de las malezas. Cuando las plantas empiezan a germinar dicha capa se corre hacia los costados para permitirles que crezcan bien. La capa no se quita, se deja que siga cubriendo el suelo.

La profundidad de la siembra

No todas las semillas se siembran a la misma profundidad. Para garantizar la correcta germinación, la profundidad no debe superar 2,5 a 3 veces el diámetro mayor de la semilla. Las semillas más pequeñas se colocan más cerca de la superficie, las más grandes se entierran más.

Por ejemplo, las semillas de lechuga se siembran muy cerca de la superficie, a sólo un centímetro; las de tomate a 1,5 centímetro; las de pimiento entre 1,5 y 2 centímetros; las de acelga entre 2 y 2,5 centímetros; las de zapallo a 3,5 centímetros y las de poroto a 4,5 centímetros.

La densidad de la siembra

Se denomina así la cantidad de semillas que se siembran por metro lineal de surco, y también cuántas plantas se trasplantan por metro cuadrado. Para saber a qué distancia trasplantar o sembrar en la siembra directa se debe tener en cuenta el tamaño final de la planta. Por ejemplo: una planta de lechuga trasplantada mide de 15 a 20 centímetros de diámetro antes de cosecharla; por lo tanto, la distancia final del trasplante es 20 centímetros entre cada planta y 20 centímetros entre las líneas. Al considerar el tamaño final de las plantas se les permite que alcancen su máximo desarrollo, porque no compiten por el agua, la luz y los nutrientes.

El calendario de siembra sirve de guía para calcular la densidad de la siembra.

Cómo lograr buenos almácigos

Las semillas chicas, por ser más delicadas, se deben sembrar en almácigos. Por ejemplo las de tomate, pimiento, cebolla, repollo, coliflor, apio, puerro y berenjena. Las semillas de otras plantas también se siembran en almácigos para permitirles que broten bien cuando aún persisten los riesgos de las heladas.

Existen recipientes especiales para hacer los almácigos, aunque se puede prescindir de ellos. Son muy adecuadas las cajas de madera, las latas, los envases de *telgopor* o los de plástico (vivimos en la era del reciclaje). La experiencia me ha enseñado que los recipientes más convenientes son las hueveras de cartón prensado, pues el trasplante se puede hacer enterrando la huevera entera, o cortándola en partes, sin sacar las plantitas de allí, con lo cual se evita lastimar las débiles raicillas.

El cultivo en almácigos

- En el recipiente que se eligió para hacer el almácigo se coloca una mezcla de tierra muy rica, con mucha composición de compost bien maduro y un poquito de arena, para evitar que se compacte. Es conveniente pasar la mezcla por una zaranda, un colador o una red de nylon para que no queden terrones. Luego se riega bien, se cubre con un nylon y se expone al sol y al calor; eso permitirá que broten todas las semillas de yuyos que pudiera contener la tierra. Esos yuyos se extraen todos, pues de lo contrario competirían con las hortalizas que se sembrarán. Por último, se remueve la tierra para que quede nuevamente liviana.

- Se separa una parte de la tierra -un poco menos de la mitad-, se distribuye en forma pareja en todo el recipiente y se riega en forma de lluvia. Allí se depositan las semillas elegidas y se cubren con una capa de tierra seca bien tamizada.

- Se riega otra vez para que las semillas entren en contacto con el sustrato inferior. Es aconsejable no empapar la tierra en exceso.

- Para que las semillas mantengan la humedad y la temperatura constantes, el almácigo se cubre con una hoja de diario, que sólo se levantará para regar diariamente, ya sea de mañana bien temprano o a última hora de la tarde.

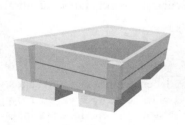  

CONSEJO PRÁCTICO

- La cantidad de agua de cada riego se debe secar durante el día para permitir que se vuelva a regar al día siguiente.
- No hay que exponer el almácigo a corrientes de aire, ni al sol directo. La temperatura no debe descender de los 12° C ni exceder los 25° C.
- Cuando ya germinó el 70 por ciento de la bandeja se quita el papel de diario, para permitir que reciba más claridad, pero no sol directo.
- Alrededor de 15 días después de la siembra, cuando tienen como mínimo 5 hojas, los brotes se trasplantan a las macetas o al terreno.
- En cada almácigo debe germinar una especie a la vez. Hay que preparar tantos almácigos como variedades se desea sembrar.

El trasplante

Sólo después de trasplantar el brote al terreno, y cuando ya comenzó a desarrollarse, se puede empezar a exponerlo al sol. Analicemos cómo se realiza ese proceso:

- Cada brote se extrae del cajoncito de siembra con sumo cuidado, para no lastimar las pequeñas raíces. Si el recipiente que se eligió es la huevera de cartón se trasplanta todo junto.

- Con un cuchillo de cocina, o una lapicera en desuso, se abre un agujero en la tierra alrededor de la planta y luego se la levanta con la mano.

- La distribución de los brotes en el cantero dependerá del espacio que la planta necesite para desarrollarse.

- Se hacen agujeros usando un plantador o un palo de madera. Luego se riega.

- Se colocan los plantines evitando que se desprenda la tierra de las raíces. Los hoyos se pueden tapar con abono compuesto.

- Con ambas manos se presiona la tierra junto a la planta, para que quede firme, y se riega alrededor de las plantitas.

- Para protegerla del sol y de los golpes del agua de riego, la tierra se cubre con pasto seco.

La asociación de los cultivos

Es importante programar la asociación de las verduras porque:

- Se aprovecha mejor el espacio asociando plantas de crecimiento vertical —puerro—, con otras de crecimiento horizontal —lechuga—, o asociando las de crecimiento rápido -rabanito, lechuga-, con especies de crecimiento lento —zanahoria, repollo—.
- Al utilizar intensivamente el suelo, éste se va cubriendo más y, en consecuencia, las malezas tienen menos espacio para crecer.
- Las plantas asociadas no compiten entre sí por los nutrientes, pues los extraen de distintos lugares. Las verduras de hoja, cuyas raíces son más superficiales, extraen fundamentalmente nitrógeno; las de raíces más profundas absorben sobre todo potasio.
- Las asociaciones tienen efectos protectores contra las plagas, ya que algunas plantas repelen los insectos dañinos mientras otras hospedan insectos benéficos. Ejemplos de asociación son el puerro o la cebolla con la zanahoria; la albahaca con el tomate y la remolacha con el repollo.

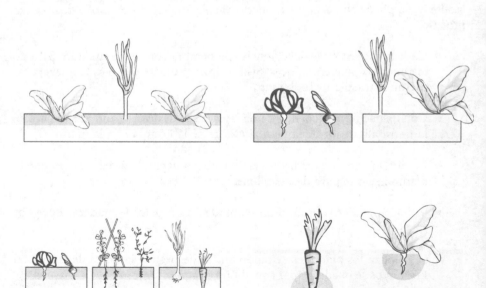

La siembra asociada de primavera-verano

Se pueden hacer dos tablones. Uno se utilizará para verduras diversas y el otro para tomates.

En el tablón destinado a las verduras es posible asociar verduras de raíz -rabanito, zanahoria, remolacha-, con verduras de hoja -lechuga, acelga, repollo, etc.-. Se siembran tres líneas de verduras de raíz a 50 centímetros de distancia, y entre ellas la lechuga, el repollo o la espinaca. En la cabecera del tablón se siembran dos líneas de perejil.

En el tablón destinado a los tomates es conveniente intercalar plantas de albahaca entre las líneas; pues la albahaca, un aliado natural del tomate, ayuda a contrarrestar el ataque de insectos.

Algunas flores, como los copetes y las caléndudas, intervienen beneficiosamente en el control de las plagas si se plantan en los extremos de los canteros.

La siembra asociada de otoño-invierno

Durante el invierno se permitirá que la mitad de los canteros o tablones recuperen su fertilidad. Para lograrlo se siembran dos líneas de habas, entre las cuales se hace una zanja poca profunda que se llena de yuyos y restos vegetales para enriquecer el suelo con materia orgánica. En el resto de los tablones se pueden asociar puerros, repollos, brócolis, coliflores y lechugas.

¿Cómo distribuir esas especies para que se asocien lo mejor posible y aprovechar bien el espacio y el tiempo? Se pueden sembrar puerros o cebollas en la parte central del tablón, pues son cultivos de larga duración; 6 meses los puerros y 8 meses las cebollas. A los costados se van alternando repollos a una distancia de 60 centímetros entre sí. Mientras crecen los repollos se aprovecha para trasplantar lechugas intercaladas entre ellos; las lechugas se podrán cosechar dos meses después de trasplantarlas.

No hay que olvidarse de poner en los canteros carteles que indiquen lo que se ha sembrado.

IDEA

Los brotes de soja

Actualmente, los brotes de soja, que se consumen generalmente en ensaladas, pueden adquirirse en verdulerías o en supermercados, pero también existe la posibilidad de germinarlos en casa sin demasiadas dificultades. Para lograrlo, se siguen los siguientes pasos:

- Se ponen en remojo los porotos de soja que se desean hacer germinar. También se utilizan porotos tipo mung.
- Se cubre el fondo de una fuente de vidrio o de acero inoxidable con una tela, o tres capas de papel absorbente, humedecidas con agua,. Allí se colocan los porotos bien escurridos y se tapan con un vidrio o con un plástico transparente. No se debe ejercer presión sobre los porotos para no aplastarlos.
- La fuente se ubica en un lugar tibio y se rocía regularmente con agua para mantener la humedad.
- Después de 6 ó 7 días los brotes habrán germinado y alcanzado una longitud de 7 a 10 centímetros. Es el momento de retirarlos de la fuente y separarlos de los porotos.
- Se lavan en un colador, bajo el chorro de agua fría, y ya se pueden comer.

Además de consumirlo principalmente en ensaladas, se pueden utilizar como ingrediente en tortillas, omelettes, guisos o saltados al estilo chino. En cuanto a su valor nutricional, prácticamente no aportan calorías, pero sí fibras y agua.

La luna

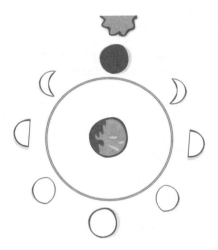

La hermosa luna, que es fuente de inspiración de tantos poetas y de la leyenda del lobizón, o simplemente hace que los perros aúllen, tiene enorme influencia en los cultivos. Parece fantasioso pero existen hechos irrefutables; por ejemplo, que el mayor porcentaje de alumbramientos se produce durante la luna llena, como bien saben las parteras. También es innegable la influencia que ejerce la luna sobre las mareas.

La gente de campo conoce el efecto que tiene la luna sobre sus labores, a pesar de la poca investigación que la ciencia realizó hasta ahora. De acuerdo con lo aprendido empíricamente se aconseja programar las tareas según el calendario lunar.

Luna en cuarto creciente

Todo lo que fructifica sobre la superficie -frutos, granos, etc.- se siembra durante la luna creciente. Ello se debe a que reciben más luz lunar, la cual, aunque es más débil que la del sol, penetra más profundamente en el suelo. Las semillas y los plantines que reciben más radiación lunar en la primera etapa de su vida brotan rápidamente y desarrollan más hojas y flores.

Luna llena

Es preferible hacer los trasplantes en períodos de luna llena, pues su influencia estimula el mayor crecimiento de las raíces, lo cual beneficia a la planta tras sufrir el impacto del trasplante.

No se deben hacer podas durante la luna llena porque la savia esta "arriba"; pero, en cambio, es el momento de cosechar los mejores frutos. Si se pretende una explicación racional, la gente de campo dirá que en luna nueva la savia está "abajo", es decir en las raíces; en la luna creciente va hacia "arriba", en dirección a la copa; hasta que llega a su máximo durante la luna llena; y, finalmente, durante la etapa de luna menguante la savia vuelve a bajar.

Luna en cuarto menguante

Según la influencia lunar, cuando lo que se va a consumir se produce bajo tierra, como zanahorias, remolachas, nabos, papas, etc., la siembra se tiene que hacer durante la luna menguante. Ello se debe a que esa siembra pasa los primeros quince días bajo una luminosidad lunar que tiende a cero, lo cual estimula más el desarrollo de las raíces, y se retarda la floración y la fructificación.

Por esa razón tampoco se corta un árbol, para utilizar su madera, si no es en luna menguante, cuando la savia está "abajo", porque así la madera dura más y la raíz rebrota. Si a fines del invierno, por ejemplo, se quiere hacer una siembra de hortalizas de hoja que no hagan semillas rápidamente, se siembran durante la luna menguante, pues esa fase lunar frena el crecimiento.

Cómo lograr una cosecha exitosa

Entre la siembra y la cosecha no es sólo cuestión de sentarse a tomar mate y ver cuán lindas crecen las plantas; para obtener una producción adecuada son necesarias ciertas labores dentro de las cuales se encuentran: el riego; la fertilización; las labores culturales, como ralear, tutorar, proteger con mantillo, etc.; y, fundamentalmente, el control de las plagas

Carpir

Se trata de quitar los yuyos que compiten con las plantas sembradas, pues las malezas les restan el espacio, los nutrientes y la humedad que el cultivo necesita. Se considera yuyo todo lo que crece sin que se haya sembrado.

En la lucha contra las malezas es importante impedir que el yuyo forme semilla, sino éste volverá a crecer rápidamente.

Al carpir hay que tratar de sacar los yuyos de raíz. Se pueden dejar en el mismo lugar para devolverle los nutrientes a la tierra y a la vez acolchar; pues, como hemos visto, el acolchado protege el suelo del impacto de las gotas de agua, no permite que se apelmace, conserva la humedad e impide que crezcan nuevos yuyos. Si no se deja en el mismo lugar se le agrega a la abonera.

El uso de mantillo –yuyos y pasto cortado- reduce la necesidad de carpir. Dicha tarea sólo será necesaria de vez en cuando.

El raleo

Para que una planta crezca fuerte y sana debe recibir suficiente sol, nutrientes y humedad. Ese objetivo se logra si se le deja el espacio conveniente para que se

43

desarrolle bien. A veces eso no suele ocurrir cuando se siembra al voleo, o en surco, ya que las plantitas pueden crecer todas amontonadas y sin suficiente espacio entre sí.

Ralear es entresacar plantitas y dejar más espaciadas las que quedan, así no deben competir para captar los nutrientes y el sol. Si esa tarea no se lleva a cabo las plantitas crecerán muy juntas, y para poder recibir el sol el tallo "crecerá en vicio", como diría un hombre de campo. En síntesis, sería puro tallo.

El raleo se hace cuando los plantines tienen dos pares de hojas verdaderas y cuando alcanzan una altura de 7 a 15 centímetros. Es aconsejable realizar el raleo con el suelo humedecido. Las plantas que se quitan no se desechan porque son brotes tiernos. La acelga o la lechuga se pueden usar en ensaladas, y las zanahorias chiquitas son deliciosas.

El riego

En general, las lluvias no satisfacen las necesidades de los cultivos, sobre todo en verano. Si no reciben el agua necesaria las plantas no se desarrollan normalmente, la producción es menor, las hojas se ponen duras y las plantas suelen dar semillas antes de tiempo. El exceso de humedad, en cambio, puede favorecer la aparición de enfermedades; y los productos obtenidos son de mala calidad, menos nutritivos y de mal gusto. Hay que tener mucho cuidado con el riego de las hortalizas de fruta, pues el exceso de agua las vuelve desabridas.

Es muy importante que el agua de riego esté a temperatura ambiente. La lluvia es, obviamente, la ideal.

A las plantas que están en tierra siempre es mejor regarlas con abundante agua menos veces, que muchas veces con poca agua. Eso permite que la planta se desarrolle bien y no haga una raíz superficial al buscar humedad. El riego en maceta es más frecuente porque al ser menor el volumen de tierra, ésta se seca más rápido. Un buen drenaje es importante para que el agua no se estanque.

En primavera y en verano conviene regar todos los días al atardecer, para mantener la humedad y evitar que la superficie se seque demasiado rápido.

En otoño y en invierno no es necesario regar tan seguido. Como los días son más cortos y fríos, conviene regar por la mañana para que la humedad en la planta se evapore antes de la noche y de esta manera evitar que las heladas las maten.

Siempre es preferible regar desde arriba hacia abajo, en forma de lluvia fina, especialmente los almácigos y las plantas pequeñas. De esa manera también se lavan las hojas de las plantas, como lo hace la lluvia, salvo cuando el calor es intenso y la humedad muy elevada.

Para las plantas más grandes se puede usar una regadera o una manguera. También se puede hacer un sistema de riego por goteo, que permite una mejor absorción del agua e impide la formación de costras en la tierra.

Las hortalizas se cosechan antes de regar para evitar que el barro se adhiera a las hojas. En cambio, las raíces y los tubérculos se cosechan más fácilmente si el suelo está blando.

 Es muy importante evitar que se mojen excesivamente las hojas cuando se riega, ya que eso puede provocar el ataque de los hongos.

Los tutores

Algunas plantas necesitan, en determinado momento de su crecimiento, un tutor o guía en el cual enramarse; por ejemplo, los porotos, las arvejas y las habas; o bien para sostener el peso de los frutos, como en el caso de los tomates.

La producción de semillas

Antes de empezar la propia producción de semillas es necesario averiguar si la semilla que se había comprado en la semillería, que dio tan buenos resultados, es o no un híbrido. En caso de serlo, conviene saber que sólo se lograrán una o dos cosechas buenas.

Hay que elegir las mejores plantas y dejarlas florecer y fructificar; es decir, que la planta haga su proceso completo, pues normalmente se cosecha antes que la planta termine su ciclo, porque si la naturaleza continúa su trabajo las verduras de hoja se endurecen, los tubérculos se vuelven fibrosos y los frutos se pasan.

Antes de que caigan las semillas, se arrancan las plantas y se dejan al sol sobre un papel de diario durante varios días. Después se separan las semillas a mano, y una vez limpias se guardan en frascos con rótulos que las identifiquen, en un lugar seco.

Las especies de las cuales se pueden producir semillas fácilmente son: acelga verde anual, arveja, berenjena, coles, escarola, espinaca, haba, hinojo, melón, pepino, pimiento, perejil, radicheta, sandía, tomate, zapallito y zapallo. Las semillas de melón, sandía y zapallo se sacan al consumir los frutos. En cambio, para obtener semillas de arvejas, habas, zapallitos y tomates se dejan madurar los frutos en la planta.

El aporcado

Esa tarea se hace con la azada o la pala; consiste en arrimar tierra a la planta para permitirle que desarrolle mejor sus raíces. En las plantas de papa y de maíz el aporcado es imprescindible.

También se aporcan las plantas para que se pongan blancas, pues este proceso evita que realicen fotosíntesis. Algunas plantas se aporcan cubriéndolas con tierra, como las endibias; otras se aporcan atándolas 5 días antes de la cosecha para mantenerlas cerradas, así las pencas o las hojas quedarán bien blancas, como se hace con el apio, el cardo, los espárragos blancos, el akusay o repollo japonés, y el repollo blanco.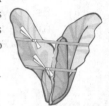

También se debe aporcar la coliflor para quede bien blanca; se le cortan las hojas de la base y se le arma una especie de sombrero para evitar que le dé el sol y que los cogollos se pongan amarillos.

La prevención de las heladas

Las temperaturas inferiores a cero grado pueden arruinar toda la labor de varios meses porque congelan la savia de algunas plantas, lo cual les puede producir la muerte.

No todas las plantas sufren las heladas. El zapallo y los cítricos, por ejemplo, son mucho más sabrosos después de haber recibido una helada.

Es obvio que los efectos de las heladas son menos dañinos en jardines, balcones o terrazas que en una superficie más expuesta, como los terrenos de las afueras de las ciudades.

Hay diferentes maneras de contrarrestar el fenómeno de las heladas: evitar la acumulación de agua en el suelo durante esas épocas, cubrir los almácigos y construir túneles de polietileno. Dichos túneles se hacen con hierros, caños, plástico o varillas de sauce, formando un arco cuya altura no sea menor a 50 centímetros, pues en el interior del túnel de esa altura crea una cámara de aire caliente alrededor de la planta. Para cubrir la superficie donde están los plantines, las varillas se entierran a un metro de distancia cada una, y los arcos se cubren con polietileno transparente. Una de las puntas y uno de los lados se entierran; el otro se sostiene con piedras o ladrillos para poder sacarlo y ponerlo cuando haya que trabajar en el lugar.

Si bien el plástico contribuye a mantener la temperatura y la humedad constantes, es necesario controlar que esos niveles no sean excesivos cuando las plantas hayan crecido, porque podrían producirles enfermedades.

En lugares donde las temperaturas bajo cero son habituales, una buena solución a dicho problema es la construcción de invernaderos o utilizar lugares dentro de la casa bien iluminados y cálidos para hacer el jardín de invierno. Allí se ubicarán, junto a los helechos, las plantas que requieren abrigo durante los meses más fríos; como los tomates, los pimientos y la albahaca.

La fertilización

Cuando se aporcan las hortalizas se puede agregar un poco de abono mezclado con la tierra; pero no hay incorporar demasiado compost porque el exceso puede "quemar" las plantas.

Es importante comenzar una nueva abonera cuando la anterior se encuentra a la mitad del proceso. De ese modo siempre se dispondrá de abono para la quinta y para las plantas ornamentales.

El control de las plagas

Es muy importante observar constantemente la huerta para descubrir las posibles plagas y enfermedades; eso permitirá controlarlas precozmente.

Este tema merece dedicarle todo un capítulo dado que a las plagas se contrarrestan ecológicamente sin el uso de pesticidas sintéticos.

Hay que tener en cuenta que la aparición de una plaga responde a una situación de desequilibrio, ya que en la naturaleza difícilmente ocurra un ataque de parásitos, pues las poblaciones de animales se controlan entre sí.

Se sabe positivamente que la asociación y rotación de cultivos impide la aparición de ciertas plagas. Por eso no se deben olvidar estas premisas básicas en el cultivo orgánico.

Como habrán observado el trabajo en una quinta nunca acaba, pero la gratificación está en disfrutar el sabor de una hortaliza recién cortada, el intenso aroma de un tomate que ya no se encuentra en ninguna verdulería

Prevención de plagas y enfermedades

El sistema de huerta orgánica nos permite tener siempre a mano verduras y hortalizas frescas. Para evitar que los insectos y los hongos ataquen la huerta es necesario desplegar ingeniosas estrategias, precisamente mediante el empleo de productos naturales, y hasta de plantas.

La prevención es el objetivo esencial para controlar las plagas en la huerta orgánica. Para lograrlo, se le deben ofrecer a las plantas las mejores condiciones que les permitan fortalecer sus defensas y las hagan más resistentes.

Es preciso favorecer el equilibrio de la naturaleza, destruir los parásitos por medio de sus enemigos naturales y utilizar escasos productos exóticos.

Veamos ahora cuáles son las estrategias que se pueden poner en práctica para combatir las plagas que amenazan la huerta orgánica.

Primero se debe conocer al enemigo. Les presento algunos de los más habituales.

Los pulgones

Se conoce como pulgones a los miembros de un grupo de insectos llamados afídidos, que atacan las raíces, los tallos y las hojas de las plantas.

Los pulgones causan un doble daño, pues atacan directamente a las plantas para sorber sus jugos y también pueden transmitir virus que afecten gravemente a los cultivos. Los más perjudicados por los pulgones suelen ser el repollo, el nabo, la habas, las papas y los manzanos.

Las mariquitas o vaquitas de San Antonio y algunas variedades de avispas atacan a los pulgones.

Los caracoles y las babosas

Son moluscos gasterópodos que atacan los brotes y las hojas de los cultivos. Dado su gran tamaño se pueden extraer a mano. Conviene realizar un control periódico para detectar su presencia. Se los mantiene alejados mediante barreras hechas con agujas de pino o cascarilla de cacao.

Las moscas

Existen unas cien mil variedades de moscas, muchas de ellas son dañinas para los cultivos. La mosca de la fruta ataca especialmente a las manzanas cuando se encuentran en su etapa de larva (gusano).

Durante su etapa larvaria, la mosca de la col, la mosca de la zanahoria y la mosca de la cebolla atacan las raíces o los brotes tiernos de esas plantas.

Las moscas blancas son pequeñas y suelen revolotear en torno a los cultivos, cubren las hojas de una sustancia pegajosa.

Las soluciones a esos problemas varían según la especie y el grado de afectación de los cultivos. La rotación de cultivos ayuda a prevenir esta plaga.

Las arañas rojas

Las arañas rojas, o ácaros arácnidos, se alimentan del dorso de las hojas y destruyen muchos tipos de plantas. Esa plaga se identifica por las manchas claras que aparecen en las hojas y las suaves telarañas que deja en el dorso de las mismas.

Esos ácaros se desarrollan preferentemente en ambientes secos y cálidos. Mantener la humedad de los cultivos ayuda a prevenir la plaga de las arañas rojas.

Las orugas

Existen numerosas variedades de orugas, muchas de ellas son dañinas para los cultivos. Atacan principalmente a las hojas, que aparecen "comidas", aunque algunas también suelen dañar las frutas.

Al igual que los caracoles y las babosas, ciertas especies de orugas se pueden eliminar a mano. Los controles periódicos son imprescindibles. Para evitarlas, también se pueden cubrir los cultivos con redes.

Otros animales pequeños que dañan los cultivos son los bichos moros, las langostas, los gusanos, las cochinillas, las chinches, las hormigas y los bichos bolita.

El segundo paso es el seguimiento permanente de las plagas y de sus controladores biológicos, que indican el modo y el momento más adecuado para tomar medidas de emergencia. La única forma de hacerlo es mediante la observación periódica de lo que sucede en la huerta. Es importante conocer quiénes son nuestros aliados.

 Los insectos benéficos son las mariquitas, o vaquitas de San Antonio; la mantis religiosa, o Tata Dios; las libélulas; las avispitas y las crisopas.

El tercer paso es saber con qué armas se cuenta para combatir las plagas, por ejemplo los preparados en base a plantas y minerales. A continuación se describen algunos de ellos.

- *Purín de ortigas.* Se ponen dos o tres puñados de ortiga en medio litro de agua y se deja reposar durante cuatro o cinco días. Después, para aplicarla, se prepara una dilución de una parte del purín con diez partes de agua. El purín de ortigas combate los pulgones. El té de hojas de ortiga se usa como fertilizante.
- *Infusión de ajo.* Se dejan remojar en agua varios dientes de ajo durante 24 horas. Al día siguiente, dicha preparación se cocina a fuego lento durante 20 minutos. Se aplica frío. La infusión de ajo se utiliza para ahuyentar los pulgones. Para combatir las hormigas es aconsejable regar varios días con esa solución de agua tibia los lugares que frecuentan las hormigas.
- *Infusión de cáscara de cebolla.* Se ponen las cáscaras de dos o tres cebollas en un recipiente y se vuelca sobre ellas un litro de agua caliente. Se deja reposar durante 24 horas. Se aplica para ahuyentar los pulgones y para controlar los hongos.
- *Infusión de tabaco.* Se juntar varias colillas de cigarrillos, sin ceniza; se ponen en un recipiente y sobre ellas se vierte un litro de agua. Se dejar reposar para que la nicotina se mezcle con el agua. Al día siguiente se filtra y se aplica. Para combatir los pulgones y las cochinillas se pasa un algodón embebido en el agua de nicotina sobre las hojas afectadas. También se puede pulverizar. La adherencia de infusión de tabaco se favorece si le agrega una cucharada sopera de jabón blanco rallado. Esta preparación también combate las arañas rojas.
- *Polvo de hornear.* Se mezcla una cucharada de polvo de hornear con un

litro de agua y se agrega ralladura de jabón blanco. Este preparado sirve para combatir pulgones, cochinilla y los hongos de género *oidium*. Se aplica cada siete día. El tratamiento se realiza durante tres meses. A esta preparación se le pueden agregar 60 gramos de tabaco y dos cucharadas de jabón blanco rallado y usarlo como preventivo.

- *Alcohol de ajo*. Se ponen en la licuadora seis dientes de ajo con medio litro de alcohol fino y medio litro de agua. Se procesa durante tres minutos. Se filtra con una tela y se coloca en una botella tapada, que se conserva en la heladera, ya que el frío potencia el efecto insecticida del ajo. Para usarlo como curativo se pulverizan las plantas y el suelo. Esas aplicaciones se repiten varias veces. También se puede agregar ralladura de jabón a este preparado.

- *La cerveza*. Es muy eficaz para eliminar las babosas, los caracoles y los bichos bolita. Se entierran al ras del suelo tapas de frascos o latas cortadas por la mitad llenas de cerveza. Los caracoles, las babosas y los bichos bolita, atraídos por el fuerte olor, caen en la cerveza. Para combatir dichos animales también se emplean las *hojas de repollo*, que se esparcen por el lugar donde ellos habitan. Se coloca una hoja de repollo, con un ladrillo encima, y se levanta diariamente para ir eliminándolos.

- Existen varios preparados naturales para combatir las hormigas. Los *frutos del paraíso*, machacados y macerado en agua durante 15 días, es uno de ellos. De la maceración se obtiene un fermento que, regado en el suelo, es repelente de hormigas. Se debe mantener alejado de los niños. La mezcla de *pimienta blanca* y agua, en partes iguales, también es un buen repelente que se usa para pulverizar y pintar los troncos de las plantas. Otro repelente se obtiene de la infusión de 300 gramos de *hojas frescas de lavanda* en un litro de agua; sirve para pulverizar. También se puede hacer un purín de *hojas de roble* y pulverizar con él sobre las plantas atacadas por las hormigas

- La mezcla de 90 gramos de *ajo* picado con dos cucharadas de *aceite mineral* se utiliza para combatir los gusanos, las orugas cortadoras y la mosca blanca. Dicha mezcla se deja reposar durante 24 horas, se le agrega medio litro de agua y ralladura de jabón blanco, se mezcla bien, y se aplica en las plantas afectadas.

- Para las larvas de mariposa se recomienda agregar un litro de agua caliente a dos cucharadas de hojas de *salvia* picada. Se aplica después de dejarla reposar 10 minutos y filtrarla.

- Hay dos maneras de combatir los hongos que dañan los rosales. Una consiste en hacer una *infusión de cola de caballo*, dejarla reposar y después aplicarla sobre el suelo y las plantas. La otra es una *infusión de manzanilla*. Se ponen 250 gramos de flores, ya sean secas o frescas, en un litro de agua caliente; se deja reposar y se aplica.

- Para evitar que los gusanos ataquen las verduras de hoja es aconsejable rodearlas con *ceniza de madera*.
- Si los animales domésticos suelen causar daños al hacer sus necesidades, se recomienda colocar *bolitas de naftalina* donde ellos remueven la tierra.
- Para evitar que los pájaros se coman las semillas recién sembradas, más eficiente que el conocido espantapájaros son los molinitos de viento con los cuales se divierten los niños. El espantapájaros es estático, por eso los pájaros se acostumbran rápidamente a su presencia; en cambio, esos juguetes los ahuyentan más eficazmente porque siempre están en movimiento.

Plantas que ahuyentan los bichos

El mosaico de variedades vegetales, y la diversidad de aromas que hay en la huerta, confunden a los insectos y dificultan la invasión. La asociación de algunas especies vegetales es una buena estrategia para evitar el ataque de los malos y posibilitar el albergue de los buenos.

CONSEJO PRÁCTICO

Se puede prevenir la aparición de hongos e insectos si en la huerta se cultivan plantas aromáticas. Por ejemplo, si en los bordes de los canteros se plantan salvia, romero, orégano, menta, ruda, albahaca y flores como caléndulas, copetes, tacos de reina y margaritas.

- La ciboulette tiene efectos benéficos sobre los rosales y los frutales, pues evita la presencia de hongos como la mancha negra y los del género *oidium*. Asimismo, no permite que se acerquen insectos dañinos.

- Si se entierran dientes de ajo junto a rosales, frambuesas, lechugas y tomates se evita la presencia de pulgones y de varios tipos de hongos perjudiciales.

- Diversas plagas se combaten plantando ajo, copetes y perejil entre medio de las plantaciones que se desea proteger.

- Los copetes atraen a los abejorros, los enemigos naturales de los pulgones. Mientras que el crisantemo, la dalia, el aster, el taco de reina y las plantas aromáticas en general, repelen insectos y funcionan como plantas trampas.

- El fuerte olor de la menta piperita (¡cuidado, es muy invasora!) aleja las hormigas y las lauchas.

- Cuando la albahaca y las coles se plantan juntas repelen numerosos insectos.

- La mosca de la remolacha se combate sembrando porotos al lado de esa hortaliza.

- Un efecto especial tiene la *achilea millefolium*, ya que cuando se las planta entre las aromáticas intensifica su sabor y aleja las plagas.

- El ajenjo cerca de la zanahoria aleja la mosca blanca.

- El tanaceto, o abrótano, ahuyenta las moscas y los mosquitos, y también rechaza los hongos.

- Las plantas de acopio que se ubican cerca de la coliflor protegen a esta última del ataque de una diversidad de insectos.

- La albahaca actúa como repelente de la chinche verde cuando se intercala en los cultivos de tomates.

- El romero y la salvia, si están cerca de los repollos y las zanahorias, repelen especialmente la mosca de la zanahoria.

- Las plantas de sésamo son eficientes hormiguicidas cuando están intercaladas en distintos cultivos.

- Los copetes repelen los caracoles y las babosas.

- Las caléndulas son repelentes de numerosos insectos dañinos.

- También se logra atraer insectos benéficos si se dejan florecer las plantas de apio, hinojo, brócoli, perejil o acelga.

Por lo tanto, cuanto más colorida y aromática sea la huerta, mayores serán las posibilidades de disfrutarla plenamente sin tener que compartirla con bichos desagradables.

Cosechar la siembra

¡Llegó el momento tan esperado! Es la hora de ver que todo el trabajo no fue inútil, pero ¿cómo saber que el momento tan ansiado llegó?

Esta respuesta la va a ir dando la práctica, nuestra paciencia y cuán jóvenes nos gusten las hortalizas.

Hay que tener en cuenta el momento en el cual se sembraron las hortalizas, pues a medida que los días comienzan a alargarse los tiempos y los procesos de las plantas empiezan a acortarse. Por ejemplo, si se siembra para cosechar en otoño–invierno, no es tan grave si la cosecha demora un poco, porque la planta dura más en la tierra sin florecer ni dar semillas. En cambio, si no se cosechan a tiempo las hortalizas de hoja, las plantas van a seguir su proceso y florecerán, las pencas se pondrán fibrosas y el gusto en general dejará de ser agradable. Con respecto a los frutos, se van a pudrir para poder soltar la semilla y continuar su proceso. Las raíces se ponen fibrosas cuando la planta comienza a florecer.

Para saber qué hortaliza se puede cosechar en determinado momento se hace una división, en términos generales, de acuerdo con la parte de la planta se consume.

- *Las hojas*. Se cosechan durante todo el año, por ejemplo la acelga y las diferentes variedades de lechuga.

- *Las raíces*. Todo el año es posible disfrutar de remolachas, zanahorias y nabos.

- *Las vainas*. Por ejemplo las habas, las arvejas y los porotos se cosechan en primavera.

- *Los frutos*. Se comienzan a cosechar a principios del verano, después del florecimiento de primavera, hasta que se produce la primera helada, cuando las plantas mueren. Los frutos que habitualmente se cosechan son los pepinos, los tomates, los zapallos, las berenjenas y los zapallitos.

- *Los tallos*. Es posible recolectar en otoño un reducido número de espárragos, apios y cardos, pero la mayor cantidad se obtiene en primavera.

- *Las flores*: La mayoría de las flores comestibles, como la coliflor, el brócoli y el alcaucil estará a punto durante la primavera, y algunas en otoño,

- *Los tubérculos*. La papa, la bata-
ta y la mandioca se recogen durante todo el año y, como se conservan bien, se pueden consumir en cualquier momento.

- *Los bulbos*. La cebolla, el puerro y el ajo, al igual que los tubérculos, se cosechan durante todo el año.

Algunos consejos para cosechar como se debe

En invierno no se cosecha hasta que la helada no se haya derretido. No se debe tocar ninguna planta mientras está congelada, pues se rompe, especialmente si es de hoja.

En verano no se cosecha durante las horas del mediodía, pues las plantas se marchitan mucho.

Las hojas exteriores de la acelga se van cortando a medida que llegan a su tamaño ideal. La planta seguirá produciendo nuevas hojas hasta que florece. En ese momento se pueden dejar los mejores ejemplares para obtener semillas.

Según la variedad y la región donde se cultiva, el ajo tarda entre 200 y 270 días en desarrollarse. Cuando las hojas comienzan a secarse se suspende el riego y se anudan fuertemente los tallos (literalmente) como estrangulándolos. Al cabo de unos 40 días se extraen las plantas enteras y se dejan secar. En general se cosecha entre 4 y 5 veces más de lo que se ha plantado, pues de cada diente de ajo sembrado se obtiene una cabeza.

La mayoría de las hortalizas que tienen vainas están listas para cosechar entre los 90 y los 110 días después de la siembra. Para la producción de granos secos y de semillas se requieren unos 40 días más. Los porotos, las habas y las arvejas secas se conservan muy bien en bolsas o en cajas, en lugares secos y bien ventilados.

En la región de la pampa húmeda la batata suele estar lista para la cosecha a partir de marzo, aunque en la huerta familiar se pueden aprovechar un poco antes algunos tubérculos para consumo. Como máximo se puede postergar la cosecha hasta mayo, porque las posteriores heladas y la humedad del otoño harán que las batatas se pudran rápidamente bajo la tierra.

La manipulación de la batata durante la cosecha exige el máximo cuidado, pues se deben evitar magullones y heridas que faciliten la entrada de parásitos. A diferencia de la papa, estos tubérculos carecen de un tejido que permite cicatrizar las heridas de la cáscara. En consecuencia, las batatas lastimadas en el momento de la cosecha corren el riesgo de pudrirse durante el almacenamiento. Después de extraerlas de la tierra es muy importante evitar que las batatas permanezcan expuestas al sol más de dos horas antes de almacenarlas. La conservación óptima se logra si se guardan durante una o dos semanas a una temperatura que oscile entre los 10 y los 15° C. El sabor de la batata mejora en el transcurso de los dos primeros meses, pues el almidón se va transformando en azúcar. Los mejores ejemplares se eligen para iniciar el cultivo de la siguiente temporada.

El aprovechamiento de la espinaca en la huerta familiar se inicia a partir de los 50 días de sembrada, que es aproximadamente cuando se ralea. Las demás plantas se pueden ir consumiendo poco a poco, cortando las hojas exteriores hasta notar que las plantas comienzan la floración. En ese momento se arrancan las plantas enteras, dejando, si se desea, los mejores ejemplares para la obtención de semillas.

El tiempo que transcurre desde la siembra hasta la cosecha de la lechuga depende de cada variedad. Las variedades de cabeza, como la capuchina, tardan tres meses en primavera–verano y de cuatro a cinco meses en otoño–invierno. En cambio, el ciclo de las variedades tipo Cos, como la criolla, es de dos meses en la temporada cálida y tres meses en la temporada fría. Las plantas se cosechan cortándolas al ras del suelo con un cuchillo o una tijera.

En la huerta familiar las zanahorias se cosechan a medida que se necesitan. Por eso conviene escalonar los cultivos, para disponer siempre de hortalizas frescas que estén en su punto óptimo de madurez.

Las hierbas aromáticas

En el jardín, o en cualquier terraza, se puede reservar un pequeño espacio para cultivar hierbas aromáticas, auxiliares indispensables de la cocina.

Las hierbas y las especias son grandes aliadas en la cocina porque brindan sabor y, lo que es aún más importante, ayudan a reducir el consumo de sal. Es ideal para quienes deben disminuir la ingesta de sal por problemas de salud, como las enfermedades cardíacas y la hipertensión arterial o, simplemente, si desean seguir algunas pautas para una mejor nutrición y mantenerse más saludables.

CONSEJO PRÁCTICO

Las hierbas aromáticas normalmente se ponen al final de la cocción, pues el calor excesivo destruye los aceites aromáticos. Se deben picar en el momento de servir para que conserven todo su aroma. Pueden adquirirse mezclas ya preparadas. Conviene tener mesura con las hierbas y las especies, pues si se usan demasiado unificarán el sabor de todos los platos.

El perejil

Es una planta bianual. Existen muchas variedades de perejil, de hoja rizada y de hoja simple, ésta última es la más perfumada. El perejil prefiere suelos ricos, aportes regulares de abono y el sol o poca sombra.

A veces, las semillas de perejil no llegan a germinar por falta de agua. Para evitar que eso ocurra hay que dejar las semillas en agua templada toda una noche y después de sembrarlas, mantener el suelo húmedo hasta que aparezcan las plantitas.

Se hacen siembras directas a fines de verano y a fines de invierno. Se va cortando desde el tallo a medida que se necesita, con un cuchillo o una tijera bien afilados, para permitirle que rebrote.

Es la más conocida de las hierbas aromáticas. Se consigue fresco todo el año y está presente en toda la cocina mediterránea. Combina a la perfección con el ajo y el aceite de oliva, tanto el de hoja plana como el perejil crespo .

Una de las formas de conservar el perejil es congelándolo picado.

El laurel

Es un árbol de origen mediterráneo, de porte piramidal, que llega a los seis metros de alto. Posee hojas perennes firmes y lustrosas de color verde oscuro. Es apto para todos los suelos. Necesita zonas soleadas para desarrollarse. Se puede podar bien y darle forma de arbolito de jardín. En maceta se cultiva fácilmente, sobre todo en zonas muy frías donde se lo puede resguardar en épocas invernales.

Para propagar la planta se toman esquejes de los vástagos laterales, con un trozo de tallo leñoso, y se introduce en la tierra.

Las hojas se arrancan a medida que se necesitan. Se usan frescas o secas. Se secan en completa oscuridad, en pequeñas ramas colgadas por el tallo para que se concentren los aceites esenciales en las hojas. Los hojas secas se guardan en un recipiente hermético, de preferencia oscuro, para que no deje pasar la luz.

En la cocina se usa para marinadas, guisos, carnes, y compone el bouquet garni, el ramillete aromático compuesto por perejil, tomillo, orégano y laurel frescos, atados con un hilo, que se agrega a sopas, guisos y salsas, y se retira al finalizar la cocción.

La albahaca

Es una pequeña planta anual cuyas hojas son de un verde vivo; su altura promedio es de 20 a 30 centímetros. Si el ambiente es frío conviene cultivarla en macetas, en el interior, o bien en un lugar resguardado.

Se cultiva a partir de semillas que se siembran a principios de la primavera y de nuevo a mediados de verano. Prefiere el suelo bien drenado y mullido. Se riega periódicamente evitando que la tierra se seque demasiado. Se cortan los extremos de los tallos para que la planta mantenga la forma compacta y retrase la floración.

La albahaca es miembro de la familia de la menta. Esta planta es de origen hindú, y llegó hasta nosotros por su difundido uso en la cocina mediterránea. Posee hojas aromáticas que tienen gran afinidad con el tomate. Algunos ejemplos de su uso son el pesto, el minestrón, los platos a base de cordero y las pastas.

Si se desea conservar las hojas, para utilizarlas durante el invierno, se corta la mata entera antes de la primera helada o poco antes de la floración. Se dejan secar de la misma manera que el laurel o, bien lavadas y secas, se conservan en aceite o se congelan en el freezer.

El orégano

Es un arbusto pequeño perenne, sumamente decorativo, que alcanza los 60 centímetros de altura. Es de fácil cultivo, inclusive en macetas (queda muy bonito en una maceta colgante). Necesita mucho sol y el suelo bien drenado. La planta se puede propagar dividiendo las matas en primavera. Las hojas son de color verde y se destacan por su intenso aroma.

Se consumen las hojas y las flores. Es típico de la cocina mediterránea. Condimenta bien los pescados, las sopas, la carne asada, los guisos, las salsas, las milanesas, las hortalizas y la pizza, pues es un gran aliado de la muzzarella y el tomate.

La salvia

Es un pequeño arbusto que produce hojas perennes plateadas, tan decorativas como perfumadas, y en pleno verano abre sus flores violáceas en forma de espiga. Le gustan el sol y los suelos ligeros, incluso los calcáreos. Es fácil de cultivar, pero se resiente en invierno si debe soportar el exceso de humedad. Por lo tanto, en caso de que el suelo sea pesado hay que agregarle cierta cantidad de arena antes de plantarla.

Si se desea deshidratar las hojas para guardarlas habrá que cortarlas antes de la floración.

Existe una variedad de salvia de color azul; es de crecimiento anual y su sabor es muy particular. La mejor forma de guardarla es congelándola.

La salvia es una planta nativa del mediterráneo norte. De aroma y sabor muy pronunciados, se debe usar con discreción para no saturar las preparaciones; por ejemplo en los platos a base de cerdo, pato, cordero o productos de caza, en los rellenos, las legumbres y los lácteos.

El tomillo

Según la variedad, es un arbusto enano o trepador, de hoja estrecha y perenne, muy aromática. La planta da gran cantidad de flores color malva en noviembre y diciembre. Le gustan los suelos bien drenados y el sol pleno.

Es de origen mediterráneo. Existen tres variedades de tomillo: el de jardín, el salvaje y el acitronado, el cual posee un ligero aroma a limón. Se consumen las hojas y las flores. Se usa en toda clase de platos que requieren cocción prolongada con vino tinto, con conejo, ternera y pollo, sobre todo si se incluye el tomate; va bien con legumbres, pescados y huevos.

El romero

Es un arbusto perenne que puede formar setos bajos. En primavera da flores de color azul o blanco. El romero se cultiva en suelos que drenen bien, en un lugar donde recibe sol y esté a resguardo de los vientos fríos. También se cultiva en maceta. Se propaga por medio de esquejes tomados de los laterales. Luego de la floración se recortan los tallos para darle forma a la planta. Crece bien, pero conviene tener presente el dicho criollo: "El romero crece sólo en el jardín de los justos".

Es de origen mediterráneo, sus hojitas son duras y puntiagudas. Es una hierba de sabor penetrante que recuerda ligeramente al pino, ideal para carnes fuertes como la de cordero, lechón y pollo; también se usa en marinadas, estofados y sopas. Otra posibilidad es dejar macerar algunas ramitas en vinagre para darle un sabor distinto a las ensaladas.

El estragón

En una planta perenne, de hojas estrechas, que se cosechan desde mediados de la primavera hasta fines del verano. Prefiere los suelos esponjosos, bien drenados y enriquecidos con abono que estimulen su crecimiento. Llega a una altura de 50 a 60 centímetros. Suele ser una planta bastante invasora, al igual que la menta, por eso se deben tomar ciertos recaudos en el momento de plantarla. Se propaga mediante estolones subterráneos, razón por la cual, a menos que se limite su crecimiento, puede llegar a ser una amenaza para las plantas circundantes. Eso se puede evitar si se planta en una maceta sin fondo, y se entierra dicha maceta, para que la planta de estragón quede circundada por la maceta bajo tierra. También se planta en una bolsa de plástico grande con la base perforada, previamente llena de tierra, de forma que quede bien enterrada con el plástico y no pueda invadir los otros cultivos.

El estragón es oriundo de Europa. Existen dos tipos: el francés y el ruso, éste último es el más común. Posee un perfume único para la cocina. Tiene un ligero sabor a anís, armoniza con toda clase de platos que contengan huevos, cremas, jamón o pollo. También se puede incluir en ensaladas verdes o de papas.

La menta

Existen diferentes variedades de menta, todas de sabor delicioso. Es una planta que prolífera muy rápidamente e invade todo a su alrededor. Se puede controlar su crecimiento si se planta en la tierra dentro de un recipiente que la contenga, del mismo modo que el estragón.

La menta se cultiva en suelos húmedos, bien removidos y abonados. El mejor lugar donde se la puede plantar es al lado de una canilla, de modo que si esta queda goteando la menta lo aprovechará y lo agradecerá dando hojas en abundancia   Para conservarla durante el invierno es ideal cosecharla antes de la floración y congelarla, o hacer una mermelada.

En el Cercano Oriente es el condimento preferido para el cordero. También se utiliza picada y mezclada con yogur para aderezar la ensalada de pepinos; en ese aderezo el eneldo podría sustituir a la menta. Combina muy bien con la naranja y el chocolate. Se usa mucho en infusiones.

El cilantro

El cilantro, o culantro, también se conoce como perejil árabe o perejil chino. Sus hojas se asemejan a las del perejil, pero su aroma es mucho más acentuado. Pertenece a la familia de las zanahorias. Es originaria del Mediterráneo y del Cáucaso. Su semilla recibe el nombre de "coriandro".

Es una planta anual que crece bien en suelos drenados y con mucho sol. Llega a tener una altura de 15 a 30 centímetros. Para conservarla se puede congelar. Se utiliza mucho en ensaladas y en marinadas de pescado crudo, como el ceviche.

El cebollino

El cebollino, también llamado ciboulette, es una planta de bulbo, resistente y perenne. Sus hojas son tubulares; en primavera da bonitas flores rosas, comestibles, muy decorativas. Se cultiva a partir de semillas que se siembran en primavera. Prefiere el suelo rico, a pleno sol y riegos con abono para facilitar su crecimiento regular. Tiene una altura aproximada de 15 a 30 centímetros. Es aconsejable realizar una o dos podas drásticas para permitir que desarrolle brotes nuevos.

El cebollino, miembro de la familia de las cebollas y los ajos, es originario de Europa. Se usa crudo, bien picado, por ejemplo en sopas cremosas, huevos revueltos, omelettes, etcétera.

El eneldo, el curry, la mejorana, la ruda, el cedrón y el ajedrea también se pueden cultivar en la huerta orgánica.

CONSEJO NUTRICIONAL

Si se consumen en forma regular, y en cantidades importantes, el perejil, el cilantro y el jengibre tienen propiedades anticancerígenas moderadas. Se supone que el romero, el tomillo, la salvia, el laurel y el orégano también poseen esas propiedades, pero más leves.

Siempre es preferible utilizar hierbas frescas en la cocina. Si no se dispone de ellas se opta por las secas, sin olvidar que el sabor de éstas es más concentrado que el de las frescas. Por eso, una cucharadita de hierbas secas equivale a tres cucharaditas de hierbas frescas.

Cultivo de árboles frutales

Los beneficios de los frutales

Desde el punto de vista de la alimentación, los árboles frutales se diferencian de la mayoría de las hortalizas porque producen durante muchos años. Las frutas son fuentes de vitaminas y de minerales; algunas también contienen grasas y proteínas. Los árboles proporcionan sombra, madera y soporte para las plantas trepadoras. Otros cultivos se pueden sembrar debajo o entre los frutales para maximizar la producción del huerto. La selección de diferentes frutales producirá frutas durante todo el año, y así la disponibilidad de alimentos complementarios se incrementará en beneficio todos.

Dónde plantarlos

Todas las plantas crecen mejor donde las condiciones son favorables. La mayoría de los árboles frutales prefieren luz solar directa. Los árboles pueden crecer en un rango amplio de suelos, pues encuentran agua y nutrientes a mayor profundidad. Un alto porcentaje de árboles frutales no toleran suelos muy húmedos. Los árboles jóvenes crecerán más rápido si están protegidos contra vientos fuertes, que podrían arrancarles las flores y los frutos.

La selección de los frutales

Al seleccionar plántulas o variedades injertadas de frutales para un huerto familiar se deberán estudiar las características de los árboles padres. Siempre se eligen los que luzcan saludables y sus raíces sean rectas. Antes de tomar una decisión es conveniente plantearse las siguientes cuestiones:

- ¿Los árboles darán frutas todo el año o sólo una vez al año?.
- Por el tamaño que alcanzará el árbol, y el sabor, la textura y el uso de los frutos, ¿las condiciones del huerto favorecen el desarrollo de ese frutal?
- ¿Se pueden sembrar cultivos debajo de los frutales, o sus hojas tapan la luz solar?
- ¿La variedad tiene ramas fuertes o éstas se inclinan hacia abajo poniendo los frutos muy cerca del suelo? ¿Es fácil de cosechar la fruta?
- ¿Son resistentes a las plagas y las enfermedades? Se debe tener la certeza de que las variedades de frutales que se eligen son resistentes a las plagas y las enfermedades locales. Si no lo son, averiguar cuáles son los métodos más eficaces para controlarlas.

La propagación

Para propagar árboles frutales de alta calidad se requiere experiencia y habilidades especiales. Por lo tanto, es mejor dejar que eso lo hagan en los viveros. La compra de árboles reduce el riesgo y la demora que implica su siembra. Al comprarlos, se eligen los que fueron cuidadosamente seleccionados e injertados, lo cual garantiza que serán copias idénticas de la planta madre. Los árboles injertados, o propagados por estacas, reciben nombres especiales para cada variedad.

La siembra

Para que su establecimiento sea rápido y seguro, se deben tomar cuidados especiales cuando se siembran plántulas o variedades injertadas. Por ejemplo, las raíces nunca deberán recibir luz solar directa, y hay que evitar su deshidratación.

Se hace un agujero en la tierra, el doble de profundo que la longitud de las raíces de la planta, y se mezcla una cantidad generosa de compost con el suelo antes de colocar la planta en el fondo del agujero. Mientras se sostiene la planta se va rellenando el agujero con tierra y más compost. Si el área es muy húmeda, el árbol se siembra en un montículo de tierra más alto que la superficie general del suelo. Si el área es seca, se siembra el frutal en una cavidad más baja que el suelo de alrededor.

El espacio entre los frutales

Al sembrar los árboles se deja el espacio suficiente que permita reducir la competencia entre ellos. Hay que observar un ejemplar adulto de esos árboles para saber con certeza qué espacio ocuparán. Por ejemplo, si las ramas de un cítrico se esparcen 1,5 metro de diámetro, ese tipo de cítrico se debe sembrar a una distancia de 1, 5 metro entre plantas, por lo menos. Muchos árboles frutales desarrollan raíces que se nutren en la superficie del suelo y compiten con otros cultivos. Si se piensa sembrar un cultivo intercalado se lo debe hacer con mayor distancia entre plantas.

No se olvide de colocar un tutor pegado a los árboles jóvenes para evitar que éstos se caigan con la primera brisa.

El control de las plagas y las enfermedades

Los árboles frutales son más resistentes a las plagas y a las enfermedades si se plantan en condiciones que les sean favorables, como una adecuada luz solar, sombra, protección, drenaje y tipo de suelo. Sólo hay que plantar árboles sanos, y no llevar a la quinta plantas infectadas de los alrededores, por más bonitas que sean. Los frutos infectados se quitan y se podan las ramas muertas.

La poda

Los árboles frutales, al igual que otras plantas, crecerán y producirán mejor si reciben los cuidados necesarios. Algunos se benefician de las podas. Al sembrar se seleccionan ramas fuetes superiores para que se conviertan en el tronco del árbol. Mientras el árbol crece se le podan las ramas que están muy cerca unas de otras o se rozan entre sí. Eso permite que el aire y la luz circulen por el árbol, lo cual reduce el ataque de las plagas y ayuda a la fructificación. Es necesario podar las ramas débiles, las que se inclinan demasiado y acercan los frutos al suelo, y las que pueden atacar los animales o las enfermedades.

Los frutales se podan con herramientas bien afiladas. El corte se hace junto a una yema que esté orientada hacia donde deberá crecer el futuro tallo. La rama se corta en diagonal, a un centímetro de la yema. La inclinación se da hacia la rama que se quiere que crezca.

Es aconsejable podar en invierno casi todas las variedades de árboles frutales, así se eliminan los tallos secos y enfermos, y se controla el tamaño y la forma de la planta. En cambio, los ciruelos, los cerezos y los durazneros se podan a principios de la primavera, cuando empieza el desarrollo de los brotes, para que las heridas no se conviertan en foco de enfermedades.

CONSEJO PRÁCTICO

Cuando se planta un cítrico hay que podarlo hasta que quede el tronco pelado, y en la siguiente poda se dejan crecer las ramas radiales. De esa manera se obtendrá un árbol bien formado que brindará una buena producción.

Después la poda es conveniente proteger las heridas del árbol rociándolas con agua con jabón blanco disuelto.

Para mantener despejado el centro de los arbustos con forma de copa se eliminan las ramas que crecen hacia adentro.

La fertilización

La fertilización beneficia a los árboles, sobre todo en el momento de la siembra. En general se aplican 2 kg de compost al suelo cuando se plantan, y luego se agrega un poco más cada cuatro meses. Se puede poner fertilizante o compost antes de la floración, nunca durante la misma, y otra vez cuando el fruto está medio maduro. Si se coloca materia orgánica o acolchado debajo del árbol se ayudará a proveer de nutrientes, controlar malezas y retener la humedad en el suelo.

El riego

Los frutales jóvenes son muy sensibles a la sequía, por eso necesitan riegos diarios en la temporada seca durante los dos primeros años de vida. Los árboles más viejos son más resistentes.

¿Qué frutales plantar en la quinta?

- Las frutas de baya, como las frutillas y las frambuesas. Las frutillas también se cultivan en macetas. Las frambuesas pueden crecer trepando por el cerco que le sirva de sostén.

- Los cítricos (siempre es necesario un limón en la cocina).

- Si se quiere sombra en una pérgola, lo ideal es una parra (tal vez no obtenga el sabor de una uva mendocina, pero uva chinche no se encuentra en ninguna verdulería).

- Nogales, castaños y almendros se pueden plantar si se dispone de mucho espacio. No tendrán una gran producción como en la cordillera, pero tampoco será tan mala.

- En la pampa húmeda dan buenos frutos los durazneros y los ciruelos.

- A los manzanos y los perales les cuesta mucho fructificar en la pampa húmeda. Si lo logran, dan pocos frutos muy pequeños.

- Si no se dispone de mucho espacio, y se desea tener algún frutal, el quinoto crece sin problemas en un macetón; y es mucho más bonito y original que el tradicional ficus.

Nutrientes que aportan las hortalizas

La nutrición desempeña una función importante en nuestras vidas, incluso antes del nacimiento. Varias veces al día seleccionamos y consumimos alimentos que, a la larga, pueden condicionar nuestro estado de salud, para bien y también para mal; aunque muchas veces no seamos conscientes de ello.

Se entiende por nutrición el conjunto de procesos mediante los cuales el hombre ingiere, absorbe, transforma y utiliza las sustancias que se encuentran en los alimentos, los cuales deben cumplir cuatro importantes objetivos:

- Suministrar energía para producir movimiento y calor, o cualquier forma de energía que será utilizada en el mantenimiento de las funciones y actividades humanas.

- Aportar materiales para la formación, el crecimiento y la reparación de las estructuras corporales; y para la reproducción.

- Suministrar las sustancias necesarias para regular los procesos metabólicos y reducir el riesgo de algunas enfermedades.

- Los alimentos, además, proporcionan placer a quienes los consumen.

De los múltiples componentes que forman el cuerpo humano, sólo unos 50 tienen carácter de nutrientes. Desde el punto de vista nutricional, el hombre necesita consumir aproximadamente 50 nutrientes para mantener su salud. Junto con la energía o las calorías, que se obtienen a partir de las grasas, los hidratos de carbono y las proteínas, el hombre necesita ingerir dos ácidos grasos y ocho aminoácidos esenciales, unos 20 minerales y 13 vitaminas. Por lo tanto, para que la dieta sea correcta y equilibrada, en ella tienen que estar presentes la energía y todos los nutrientes en las cantidades adecuadas y suficientes para cubrir nuestras necesidades.

El agua, el nutriente olvidado, también es vital para mantener la salud. Otro componente importante de la nutrición es la fibra alimenticia o fibra dietética.

Todos esos componentes, o nutrientes, están amplia y heterogéneamente repartidos en los alimentos, de manera que éstos o sus mezclas en las cantidades en que son habitualmente consumidos, tienen la importante función de suministrar todas las sustancias esenciales. Así, podemos decir que existe una única manera de nutrirse aportando la energía y los nutrientes necesarios, pero hay numerosas, a veces ilimitadas formas de combinar los alimentos y de alimentarse para poder obtener dichos nutrientes. Conviene recordar que no hay ninguna dieta ideal ni tampoco ningún alimento completo, pues ninguno aporta todos los nutrientes que se necesitan. Sólo la leche materna se considera un alimento completo durante los primeros meses de vida.

 Los productos de la tierra son esenciales en la alimentación. Una dieta equilibrada no debe carecer de hortalizas y de frutas. Todos los vegetales comestibles contienen vitaminas y minerales, los cuales actúan como catalizadores en el organismo para que éste funcione perfectamente.

Las vitaminas que se encuentran en los vegetales se dividen en dos grupos: las hidrosolubles, o solubles en agua, como las ocho del complejo B y la C; las liposolubles, o solubles en grasa, como la A, la D, la E y la K

Los vegetales son nuestros mayores proveedores de vitaminas y de minerales; cada uno de ellos cumple una función especifica e irreemplazable. Analicemos, pues, las funciones de los alimentos como "medicamentos que nos ayudarán a prevenir enfermedades", porque las vitaminas y los minerales se deben consumir en su envase original; vale decir, los productos de la huerta y de la verdulería.

Las fibras dietéticas

Las fibras dietéticas, o alimentarias, son un componente importante de la dieta, y se deben consumir en cantidades adecuadas.

Bajo la denominación de fibras dietéticas se incluye un amplio grupo de sustancias que forman parte de la estructura de las paredes celulares de los vegetales. Esas sustancias no pueden ser digeridas por las enzimas digestivas, pero son parcialmente fermentadas por las bacterias intestinales y producen ácidos grasos volátiles que son utilizados como fuentes de energía. En algunos alimentos de origen vegetal, como por ejemplo en las papas, una parte del almidón suele ser difícil de digerir. No obstante, esa parte, el denominado "almidón resistente", puede ser degradado por la microflora en el intestino grueso y tiene, pues, propiedades similares a las de la fibra alimentaria. La cantidad de almidón resistente que contiene una planta varía según el grado de maduración o los procesos culinarios a los que fue sometida.

Las fibras dietéticas también se clasifican en dos grandes grupos, de acuerdo con su solubilidad: las fibras solubles, pectinas, gomas, mucílagos y algunas hemicelulosas, y las fibras insolubles, celulosa, hemicelulosas y lignina. La mayoría de los alimentos tienen una mezcla·de ambos tipos de fibras. Esa característica física de solubilidad, además de otras, como su capacidad para retener agua como si fuera una esponja, y aumentar el volumen de las heces, su viscosidad o capacidad para formar geles, o su susceptibilidad a ser fermentadas en el intestino grueso, están muy relacionadas con sus efectos fisiológicos.

Las fibras tienen importantes funciones reguladoras de la mecánica digestiva, que evitan la constipación y actúan como factor de protección en algunas de las llamadas enfermedades crónicas (las cardiovasculares, la diabetes y, especialmente, las neoplasias de colon). Por ejemplo, las pectinas, que son solubles en agua, ayudan a reducir los niveles sanguíneos de colesterol y de glucosa; la celulosa, que si bien es insoluble es capaz de absorber agua, aumentando el volumen de la materia fecal y actuando como un laxante. Sin embargo, un excesivo consumo de fibras puede resultar nutricionalmente inadecuado pues, por su acción laxante, hace que los nutrientes pasen más rápido por el tubo digestivo y se reduzca su absorción. También suele producir la retención de algunos minerales, como el calcio, el hierro, el cinc o el magnesio, y eliminarlos por las heces, lo cual, en casos extremos, provoca la deficiencia de dichos minerales.

Los antioxidantes

En el cuerpo se producen, a lo largo de toda la vida, una serie de procesos oxidativos que originan un gran número de los llamados radicales libres, moléculas que pueden lesionar las células y que, en parte, son también responsables del envejecimiento. En la dieta existen numerosas sustancias, nutrientes y no nutrientes, que «secuestran» y eliminan, o neutralizan, esos radicales libres impidiendo que dañen los tejidos. Son los antioxidantes; las sustancias que, al oxidarse ellas mismas, protegen a las células de la oxidación.

Entre los antioxidantes se incluyen a la vitamina E, que se halla principalmente en los aceites vegetales; la vitamina C, o ácido ascórbico, y los carotenos, estos dos últimos muy abundantes en algunas frutas y verduras, y el selenio, entre otros.

En los alimentos de origen vegetal hay, además, otras muchas sustancias que no son nutrientes, las denominadas genéricamente fitoquímicos, y algunas de ellas son también potentes antioxidantes. Por ejemplo los licopenos, muy abundantes en los tomates, la luteína de las espinacas o los antioxidantes del aceite de oliva. Por tal motivo, la mejor recomendación para mantener una buena salud es una dieta rica en frutas, verduras, hortalizas, frutos secos, leguminosas y cereales; alimentos que proporcionan cantidades importantes de sustancias antioxidantes, además de otros nutrientes esenciales. Las personas que habitualmente fuman, o beben cantidades altas de alcohol, y las que viven en las grandes ciudades, sometidas a los efectos de la contaminación, pueden tener mayor estrés oxidativo, por eso deben cuidar especialmente su dieta y aumentar el contenido de antioxidantes en su alimentación.

Los fitonutrientes

Los fitonutrientes, también llamados fitoquímicos, son las sustancias que le dan a las plantas su color y su sabor. Los fitoquímicos comprenden un grupo de más de 600 químicos naturales que se hallan en las plantas. Se pueden agrupar en cuatro categorías básicas.

- Los *antioxidantes*. Son fitoquímicos que combaten el daño celular que causan los radicales libres, los cuales pueden provocar cáncer, enfermedad cardiovascular, artritis, envejecimiento y muchas otras enfermedades crónicas.

- Los *detoxificantes*. Los fitoquímicos de esta categoría son los que ayudan al cuerpo a eliminar las sustancias tóxicas

- Los *moduladores hormonales*. Algunos fitoquímicos como los fitoestrógenos, imitan la acción de ciertas hormonas en el cuerpo o compiten por los receptores hormonales. Ayudan en la regulación hormonal de forma natural.

- Los *reguladores celulares*. Pueden inhibir o controlar el crecimiento de células "no deseadas" por el organismo, como las células cancerosas, que crecen sin control.

En general, el riesgo de cáncer se reduce en un 50 por ciento, o más, en las personas que consumen regularmente abundantes porciones de frutas y de vegetales, en comparación con aquéllas que sólo consumen pocas porciones.

Diferentes frutas y vegetales proveen protección contra el cáncer de ciertas partes del cuerpo. Por ejemplo, el consumo de zanahorias y de vegetales de hojas verdes, proporciona buena protección contra el cáncer del pulmón, mientras que el brócoli, el repollo y la coliflor proveen protección contra el cáncer del colon. Se ha demostrado que el consumo regular de repollo disminuye en un 60 a 70 por ciento el riesgo de cáncer de colon, mientras que el consumo regular de cebollas y de ajo disminuyen en un 50 a 60 por ciento el riesgo de cáncer en el estómago y el colon. Se ha descubierto recientemente que el consumo regular de tomates y de frutillas protege substancialmente contra el cáncer de próstata

Las personas que consumen regularmente porotos de soja, o tofu, tienen un 50 por ciento menos de probabilidades de contraer cáncer relacionados con las hormonas, como el de mama, o del estómago, el colon y el pulmón, que aquéllas que casi no consumen soja o productos de soja. El poroto de soja contiene altos niveles de ciertos componentes que poseen demostrada actividad anticancerosa, incluyendo un alto contenido de isoflavonoides, como el genistein. Esos isoflavonoides han demostrado su capacidad de inhibir el crecimiento de células cancerosas tanto de la mama como de la próstata. Además, la ingesta regular de proteína de soja, como tofu, granos de soja y bebidas a base de soja, puede disminuir de 10 a 15 por ciento el colesterol de la sangre y los niveles de triglicéridos, especialmente en personas con elevados niveles lípidos. También es recomendable para mujeres perimenopáusicas o menopáusicas, porque los granos de soja contienen genisteína, una sustancia cuya estructura es similar a la de los estrógenos, razón por la cual el consumo habitual en esa etapa de la vida contribuye a disminuir los efectos desagradables de la menopausia, como los sofocos.

Los pigmentos son algo más que color

En nuestros alimentos hay alrededor de 4.000 pigmentos de plantas conocidos, incluyendo miles de flavonoides y centenares de carotenoides y de antocianinas. Esos pigmentos hacen más que darle color a los alimentos; también nos protegen contra las enfermedades.

Las antocianinas son pigmentos rojos solubles en agua que se encuentran en muchas frutas, como las frutillas, las cerezas, los arándanos, las uvas y las pasas de uva. Las antocianinas inhiben la síntesis de colesterol, por eso dichas frutas proveen protección contra las enfermedades del corazón.

Los carotenoides son pigmentos que tienen actividad importante en contra de la formación de tumores. Se encuentran en los vegetales amarillos o anaranjados: zanahorias, calabaza y batata; en los vegetales de hoja verde: repollos, brócoli y hojas de vegetales verdes; en las frutas rojas, amarillas y anaranjadas: duraznos, naranjas, mangos, pomelo rosado, tomates, frutillas, sandía y melones. Se sabe también que esos carotenoides ayudan en la función inmunizadora. Las personas con altos niveles de carotenoides en la sangre tienen menor riesgo de contraer enfermedades del corazón y cáncer.

Las hierbas protectoras

El ajo, la cebolla, y otros miembros del género *Allium*, son ricos en sulfuros y otras sustancias protectoras. Se sabe que el ajo disminuye la tendencia a la formación de coágulos en la sangre, disminuye significativamente los niveles de colesterol de la sangre y también disminuye el riesgo de cáncer de diferentes órganos. Los terpenos son responsables por el sabor de muchas hierbas y condimentos de uso común. Una dieta en la cual se usan generosamente hierbas para dar sabor a la comida provee una variedad de sustancias que promueven la salud y protegen contra las enfermedades crónicas. Para entender mejor esto, dividiremos a los alimentos de acuerdo a su color

- *Rojo:*
    Fitoquímicos: Lycopene, antocianinas, compuestos fenólicos, flavonoides y ácido elaico.
    Fuentes: Tomate, frambuesa, pomelo rojo, sandía, remolacha, manzana roja, ají dulce rojo y repollo colorado.
    Beneficios: Ayudan en la prevención de cáncer relacionado a hormonas,

como el cáncer de mama, próstata y ovario; previenen enfermedades del corazón y el cáncer de la piel. Ayudan en el control de los síntomas del síndrome premenstrual.

Consejo: El lycopene se absorbe mejor si se consume cocido, como en una salsa de tomate, o también puede ser ketchup.

- *Naranja-amarillo:*

  Fitoquímicos: Carotenoides, entre otros, el beta-caroteno; quercetina, luteína, zeaxantina, limonene y terpenos.

  Fuentes: Zanahorias, batata, melón, maíz, naranjas, durazno, limón, mandarina y naranja.

  Beneficios: Ayudan a disminuir los niveles de colesterol, protegen contra el cáncer y las enfermedades cardíacas, fortalecen el sistema inmune, reducen el riesgo de cataratas y degeneración macular del ojo.

  Consejo: Consumir esas frutas frescas y preferiblemente las que fueron cosechadas cuando estaban maduras en la planta, ya que tendrán más fitoquímicos. Los fitoquímicos en las frutas cítricas están en mayor concentración en la piel –cáscara- de la fruta. Para obtener los nutrientes, rallar la cáscara de alguna de esas frutas y agregarla a las ensaladas.

- *Verde:*

  Fitoquímicos: Índoles, polifenoles, isoflavones, luteína y beta sistosterol.

  Fuentes: Brócoli, repollitos de Bruselas, repollo, palta, espinaca, todas las variedades de lechugas y kiwi.

  Beneficios: Balance hormonal, al reducir el riesgo de cáncer de ovario, mama y próstata; protección de los ojos y alivio de la tensión o la ansiedad.

  Consejo: Buscar esos vegetales frescos y cocinarlos sólo al vapor para que conserven su valor nutricional.

- *Azul-morado:*

  Fitoquímico: Antocianina, quercetina, resveratrol y compuestos fenólicos.

  Fuentes: Uvas tintas, jugo de uva, berenjena, moras y vino tinto.

  Beneficios: Inhiben el colesterol LDL, el colesterol malo, y protege contra las enfermedades del corazón. Regulan la presión arterial y previenen el envejecimiento celular.

  Consejo: Consumir esas frutas frescas, preferiblemente cuando están firmes y no demasiado maduras.

- *Marrón o café:*

  Fitoquímico: Lignans.

  Fuentes: Semillas de lino, semillas de sésamo, centeno y productos de grano integral.

  Beneficios: Combate el envejecimiento de la piel, ayuda en la hidratación y evita las arrugas prematuras. Ayuda en las funciones generales de la piel, incluidos sus anexos, el pelo y las uñas. Reduce el riesgo de contraer algunos tipos de cáncer, sobre todo el cáncer de colon. Ayuda a disminuir los niveles de azúcar en la sangre, tiene efectos antiinflamatorios y ayuda en el balance hormonal; es excelente para tratar los síntomas del síndrome premenstrual.

Consejo: Se puede agregar a la dieta diaria un suplemento de semillas de lino molidas; agregarlas a las ensaladas, las sopas, el arroz, etc., y combinadas con semillas de sésamo.

- *Blanco*

    Fitoquímico: Compuestos sulfurosos (allium) y ajoeno.

    Fuentes: Cebolla, ajo, puerro y cebollín.

    Beneficios: Promueven la producción de enzimas que ayudan a combatir las sustancias carcinogénicas, ayudan a combatir la infección por bacterias, bajan la presión y el colesterol LDL, y reducen la formación de placas en el interior de las arterias, la aterosclerosis.

    Consejo: Elegir esos vegetales cuando son firmes y frescos.

Los fitonutrientes, junto con los antioxidantes como las vitaminas A, C y E; los minerales selenio, zinc y cobre; y los ácidos grasos esenciales, como el omega 3, son parte importante de los "soldados" que protegen a nuestro cuerpo.

El consumo regular de alimentos que naturalmente poseen elevados contenidos de antioxidantes, como las frutas, los vegetales, los granos integrales, las nueces, las legumbres y todos los condimentos en base a hierbas, está estrechamente asociado con sustanciales beneficios para la salud. Las personas que consumen cantidades altas o modestas de esos alimentos ingieren niveles importantes de una variedad de fitoquímicos, por lo tanto, es menor el riesgo que tienen de contraer cáncer y enfermedades del corazón. Como muchos de los fitoquímicos permanecen relativamente estables en relación con la temperatura, y la mayoría no son solubles en el agua, no se produce una pérdida grande de sus aportes durante la cocción a través de los métodos tradicionales. Lo cual significa que no es necesario que la persona ingiera esos alimentos crudos para que su salud reciba los beneficios que brindan los fitoquímicos. A pesar de lo mucho que ha avanzado la ciencia con respecto a la investigación de esos importantes ingredientes, aún no se sabe cuál es la cantidad recomendada que se debe consumir de cada uno de dichos fitoquímicos. No obstante, conviene aumentar el consumo de alimentos ricos en estos supernutrientes. Las frutas y los vegetales están "cargados" de fitoquímicos, por esta razón, se recomienda consumir 5 a 10 porciones de alimentos por día. ¡A comer frutas y vegetales frescos!

La higiene y la manipulación de los productos de la huerta

Para conservar los nutrientes, y resaltar el sabor de las frutas y de las hortalizas, conviene tener en cuenta qué tipo de comida se va a preparar. He aquí algunos consejos útiles.

Las papas y las batatas

- Las papas crudas no se deben guardar en la heladera ni siquiera en verano. Se guardan en la zona más seca de la cocina.

- Cuando pele demasiadas papas y no las va a utilizar, guárdelas sumergidas en agua fría con un chorrito de limón.

- Como tienen poco sabor las papas, se deben cocinar con cascara ya sea en el horno, en el microondas, a la parrilla o por hervido. Para que estas se hagan más rápido, perforarlas de un extremo a otro con una aguja de tejer.

- Si lo que se busca es más rapidez de cocción, se deben elegir cortes pequeños como bastones o jardinera y se cocinan con un mínimo de sustancia grasa en el piso del horno, tapada lo cual mejora la cocción, el sabor y permite que la tostación se produzca sobre todas las caras del vegetal

- Cuando cocine papas para utilizarlas frías en ensaladas, recuerde agregarle vinagre al agua de cocción. El vinagre formará una castina dura por fuera, manteniéndolas tiernas por dentro y evitará que se desmoronen al colarlas. También se le puede agregar cúrcuma o condimento para arroz para que no se pongan oscuras.

- Si las papas fritas se han ablandado, pueden ponerse en el horno a temperatura media durante unos minutos.

- Cuando el puré queda demasiado blando, puede volverse más sólido y esponjoso, espolvoreándole leche en polvo hasta conseguir el punto deseado. Las comidas que se terminan con puré en su superficie (como el pastel de papas) tienen mejor aspecto si se les espolvorea queso rallado y se dora unos minutos en el grill.

- Si bien son más sabrosas, el gusto de las batatas se resalta de la misma manera que el de las papas.

Los choclos

Es preferible cocinarlos a la parrilla o al horno, envueltos en papel manteca.

Las verduras

- Las verduras de hoja en general llegan a la cocina con tierra pequeños insectos y microorganismos que es necesario quitar antes de ingerirlas

- Para lavar muy bien las verduras se las debe colocar en agua acidulada con vinagre durante unos minutos, luego enjuagarlas. Así se desprenderán insectos o parásitos que pudieran estar adheridos a ellas.

- La consigna general es no perder ni sabores ni vitaminas; para ello mejor cocine las hortalizas sin sumergirlas en el agua. Al vapor, asadas en el horno, en el microondas y a la parrilla son las mejores técnicas. Siempre que sea posible permitir que se formen productos de tostación, sin quemar el producto. Vale la pena destacar el valor de las preparaciones con verduras crudas. Al hervir las verduras verdes (chauchas, espinacas, arvejas y acelgas), la manera de perder la menor cantidad de vitaminas hidrosolubles, como las del complejo B y la C, además de los minerales, es cocinarlas al vapor. Si eso no es posible, introducir las verduras en el agua sin sal cuando ya esta hirviendo, así los nutrientes antes mencionados permanecerán dentro de la hortaliza y no pasarán al agua. La sal se agrega a mitad de la cocción, que debe ser a fuego fuerte y con la olla destapada para que cuando se liberen los ácidos orgánicos que contienen esas hortalizas no choquen con la tapa y se condensen, volviendo a caer dentro de la olla, ya que si eso sucede se obtendrán verduras de un desagradable color marrón y no de un apetecible color verde brillante.

- La coliflor se hierve con la olla tapada. Para mantener un impecable color blanco se le agregan unas gotas de limón. También la cocción se inicia cuando el agua esta hirviendo, pues si se inicia con el agua fría se produce un fenómeno químico llamado ósmosis que permite el pasaje de sustancias de un medio más concentrado a uno menos concentrado; de las verduras que tienen vitaminas y minerales al agua que no tiene nada de eso. En cambio, si lo que desea hacer es un sabroso caldo, lo ideal es partir de agua fría, apenas salada, de modo que todos los nutrientes si pasen al agua.

- El freezado por si mismo no produce la perdida de nutrientes; la perdida puede ocurrir en el escaldado previo.

- La cocción en microondas produce muy pocas pérdidas de nutrientes, porque que esta cocción se realiza en un medio seco y no hay solubilizacion en el agua de vitaminas hidrosolubles.

- En la cocción al horno ocurre lo mismo que en el microondas y en el asado a la brasa. Lo único que si se pierde es la vitamina C, que la destruyen tanto el calor como la luz y el oxígeno.

- Es importante tener en cuenta que la vitamina C se encuentra cercana a la cáscara de muchos vegetales. Al pelarlos, pues, se desecha esta vitamina tan importante.

- Para absorber mejor el hierro de los vegetales es necesario consumirlos, en la misma comida, junto con algún alimento rico en vitamina C; por ejemplo los cítricos, ajíes, los tomates, las frutillas o los kiwis.

- Las ensaladas verdes se condimentan en el momento de servirlas.

- Para preparar una tentadora ensalada con pencas tiernas de apio, estas se pican y se introducen en agua con jugo de limón hasta el momento de utilizarlas. Eso evitará que se oxiden y así se obtendrá un apio blanco e irresistible.

- Para que las remolachas conserven el color morado intenso se hierven con su piel y parte de sus tallos, y se le agregan unas gotas de vinagre al agua de hervor. Se conservan en la heladera hasta el momento de usarlas. Si nunca probo las hojas de remolacha no las tire la próxima vez que las vaya a cocinar, estas son muy ricas cocidas como la acelga, en croquetas, tartas o simplemente hervidas.

- Cuando se utilizan ajíes, se recorta la parte superior donde está el tronco, se cortan a lo largo de las nervaduras, se le quitan las partes blancas del lado interior y se pican. Así se evita que la preparación tome sabor amargo. El hinojo se consume crudo, pero también se puede hervir en agua salada. Es conveniente que no este húmedo cuando se guarda crudo.

Las frutas

- Merecen un párrafo preferencia, porque son dulces y al ser incluidas en las comidas, que habitualmente son saladas, permiten los sabores agridulces que hacen añorar menos la ausencia de la sal.

- Conviene recordar que no se deben exprimir cítricos o hacer jugos de fruta para guardar, ya que lamentablemente la vitamina C, que es la más quisquillosa se va a destruir si se los deja mucho tiempo expuestos a la luz y al aire.

TIPS DE COCINA

Para pelar naranjas conviene sumergirlas en agua caliente unos segundos antes de quitarles la cáscara.

Tipos de cocción

En determinadas épocas del año la huerta produce una cantidad tan grande de algún fruto que no es posible aprovecharlo apenas cosechado. Para evitar que las frutas y las verduras se pasen es conveniente destinar una parte de lo recolectado a la elaboración de conservas; aunque es preferible consumirlas en la estación correspondiente, pues los procesos de conservación invariablemente les harán perder parte de sus vitaminas y minerales.

El objeto de la conservación es mantener el alimento en el momento de su mayor valor nutritivo, para así evitar la descomposición que causan los microorganismos, como los hongos, las levaduras y las bacterias.

Muchos procedimientos de conservación tratan de impedir la acción de las enzimas y las destruyen por medio del calor. El calor también mata a los microorganismos que podrían alterar los alimentos. También la desecación, ya sea mediante la exposición al sol o en el horno, impide, o al menos retarda, la descomposición.

Otros procedimientos se basan en crear medios demasiado ácido, salado o dulce, que resulten capaces de frenar el desarrollo y la multiplicación de los hongos y las bacterias.

Las frutas se conservan en forma de mermeladas, dulces o jaleas, o directamente en almíbar. En la cocción se usa una cuchara de madera que luego no se emplee en comidas saladas. Se envasan cuando están caliente, y se cierran de inmediato para que se produzca la autoesterilización.

Es sumamente importante evitar la contaminación de los alimentos envasados, ya que podrían ocasionar serios daños a la salud.

Conserva de frutas en almíbar

Se seleccionan frutas muy frescas. Después de prepararlas se colocan en frascos esterilizados y se vierte sobre ellas almíbar hirviendo hasta que se cubran totalmente. A último momento se esterilizan los frascos cerrados a baño María.

Para hacer los tres tipos de almíbar se usan las siguientes proporciones:
Flojo: 250 g de azúcar por litro de agua
Medio: 500 g de azúcar por litro de agua
Fuerte: 1kg de azúcar por litro de agua

 ## Zapallos en almíbar

Ingredientes
1 kg de zapallo o calabaza bien duro
1kg de azúcar
2 litros de agua
esencia de vainilla, o mejor una chaucha de vainilla
cal

Preparación
Cortar el zapallo en cubitos. Ponerlos en la cal y dejarlos reposar toda la noche. A la mañana siguiente, enjuagarlos muy bien y luego hervirlos con el azúcar, la vainilla y el agua. Cocinar hasta que se forme el almíbar.

Dulces y mermeladas

Todas las frutas, en mayor o menor medida, contienen un gelificante natural llamado pectina que les permite coagular. Tienen mucha pectina los cítricos, los membrillos, manzanas, ciruelas y grosellas; poca pectina las peras, damascos y duraznos; poco o nada de pectina las frambuesas, frutillas, mosqueta y otras bayas.
Para obtener la mágica pectina se hierven en agua semillas de cítricos hasta que alcancen el punto de jalea; se cuela y se le agrega a las mermeladas después de haberles colocado el azúcar o la miel.
Se pueden combinar frutas pobres en pectina con otras que la tienen en abundancia, como frambuesas con naranjas, frutillas con limones o peras con manzanas.

El método más práctico para saber cuándo la mermelada está a punto consiste en poner una cucharada en un plato. Se deja enfriar, y si aún es demasiado líquida se sigue la cocción. Pero con cuidado, pues si se cocina demasiado la excesiva concentración de azúcar la convertirá en un pastiche color caramelo que sólo tendrá gusto a caramelo.

ASTUCIAS SALVADORAS

Si el dulce queda muy duro se le agrega un chorrito de limón y una taza de agua, y se cocina unos minutos

- Los mejores resultados se obtienen cuando los dulces se cocinan en varias etapas.
- Al preparar dulce de frutillas o de frambuesas, los 10 primeros minutos de cocción se hacen a fuego fuerte para conservar su color intenso.
- Se deben elegir frutas de la mejor calidad, maduras pero nunca pasadas.
- No dejar la fruta en recipientes metálicos toda la noche. Debe reposar en una cacerola esmaltada o, mejor aún, en recipientes de loza o de vidrio.
- Los dulces y las mermeladas siempre se envasan calientes.
- Cocinar en cacerolas de hierro o de cobre.
- Revolver con cuchara de madera, jamás con utensilios metálicos. Se revuelve en forma de ocho para que se mezcle bien el centro de la preparación.
- Para fabricar conservas, de frutas o de hortalizas, hay que respetar el tiempo de la cosecha, que debe ser 10 días antes de lo que se considera la madurez comercial; es decir, cuando aún están duras pero no verdes.

Si la mermelada se pega en el fondo de la cacerola hay que pasarla de inmediato a otro recipiente limpio para continuar la cocción.

Reglas de oro para conservar frutas en alcohol

- Elegir las frutas del mismo tamaño, lavarlas cuidadosamente y secarlas sobre un repasador.
- Los frascos se deben guardar en un sitio oscuro, fresco y seco, especialmente durante la maceración.
- Se identifican los frascos con etiquetas, y se indica la fecha que se envasó.

Encurtidos dulces

Los chutney, o las frutas conservadas en vinagre, mostaza y azúcar son muy buenas para acompañar todo tipo de carnes. Conviene utilizar un vinagre de muy buena calidad. Porque es más suave, se aconseja el vinagre de manzanas o de sidra. Las especias más usadas en los chutney son canela, clavo de olor, pimienta de Cayena, pimienta de Jamaica y cardamomo. Son muy sabrosos si se hacen con frutas deshidratadas, como pasas de uva, ciruelas pasa, los orejones de duraznos o de damascos.

Conservas de vegetales

Al igual que las frutas, es conveniente elegir las verduras de estación, y limpiarlas muy bien antes de tratarlas.

Para prepararlas en salmuera, las verduras se escaldan un minuto en abundante agua hirviendo con jugo de limón, e inmediatamente después se pasan por agua fría para detener el proceso de cocción.

Las hortalizas se conservan en vinagre, en forma de pickles o de escabeche. Se hierve cinco partes de vinagre por cada dos partes de agua, con sal, pimienta en grano y laurel, y se le quita la espuma antes de su uso. Se introducen las hortalizas, se dejan reposar 15 días, y se renueva el caldo.

Las hortalizas se seleccionan por su tamaño, variedad, grado de madurez y color; se descartan las deformadas o alteradas. Se lavan con agua fría para eliminar todo vestigio de suciedad. Se sumergen en agua bien caliente pocos minutos. Mediante ese proceso, llamado escaldado, se eliminan las enzimas que se encuentran sobre la superficie, y en algunos casos facilita el pelado. Inmediatamente después se sumergen en agua bien fría para evitar la excesiva cocción.

Los tomates escaldados se pelan a mano.

Los duraznos se pelan con soda cáustica. En un recipiente de acero inoxidable se colocan 20 gramos de soda cáustica por litro de agua. Se sumergen las frutas durante un minuto. Se retiran y se enjuagan. El recipiente se lava muy bien antes de guardarlo.

El quemado a la llama se usa para pelar los morrones. Los ajíes se exponen unos minutos a la llama hasta que se tuesta la cáscara, después se enfrían con agua y se pelan a mano.

Los frascos de boca ancha, que en la tapa tienen un aro de goma que permite su cierre hermético, son ideales para guardar las conservas. Antes de usarlos hay que pasarles un algodón embebido en alcohol, por dentro y por fuera, después ponerlos en una cacerola grande y hervirlos en agua durante 15 minutos. Sacarlos y escurrirlos boca abajo sobre un repasador, sin tocarlos. Deben estar completamente secos cuando se llenan, pues una sola gota de agua puede arruinar la preparación. Los elementos sólidos deben ocupar tres cuartas partes del envase. Hay que eliminar las burbujas de aire que pudieran haber quedado ocluidas dentro del recipiente, con un cuchillo limpio o calentando el envase destapado en una olla con agua. Las burbujas se evitan si se envasan en caliente los productos de consistencia cremosa. En los frascos se colocan etiquetas que indiquen el nombre de la conserva y la fecha de envasado.

Esterilización

El proceso de las conservas concluye con la esterilización, que permitir destruir todos los microorganismos por medio del calor.

Se elige una olla más alta que los frascos a esterilizar. En el fondo de la olla se coloca un repasador, sobre el cual se disponen los frascos a esterilizar, rodeados de repasadores para que no se toquen entre sí. Se agrega agua hasta cubrir totalmente los frascos y se llevar a ebullición. El tiempo de esterilización se cuenta a partir del momento que el agua del baño María comienza a hervir. El tiempo de hervor de la conserva es de unos 40 minutos para frascos tipo mermelada y de 60 minutos para los más grande. Transcurrido ese tiempo se apaga el fuego y se dejan enfriar los envases.

Recordar que los frascos no se deben llenar demasiado para que el proceso se cumpla bien en todo el interior. Los productos más cremosos y compactos necesitan más tiempo de esterilización. Es preferible colocar todos los frascos de similar tamaño para que la esterilización sea uniforme en todos ellos.

TIPS DE COCINA

• Después que ha sido abierta, toda conserva se debe guardar en la heladera.

• Jamás hay que probar ningún alimento en conserva cuyo aspecto resulte dudoso, tenga moho, o presente alteraciones en su color o en el aspecto general.

• El vinagre, la sal y la salmuera actúan como antisépticos.

• La conservación en alcohol también reduce los riesgos.

También se pueden conservar hortalizas y frutas secándolas para que queden deshidratadas. Es aconsejable que quienes viven en la zona de la pampa húmeda no intenten secar las hortalizas y las frutas al sol, porque lo único que lograrán es que se les pudran.

 Tomates secos

Ingredientes
1 kg de tomate
3 cucharadas de té de sal
2 cucharadas de sopa de azúcar
2 ½ cucharadas de té de aceite
1/2 cucharada de orégano
ajo a gusto
vinagre a gusto

Preparación
Lavar y enjuagar los tomates. Cortarlos por la mitad y quitarles las semillas. Espolvorear sobre ellos sal y azúcar. Colocar en una asadera plana las mitades, con el lado cortado hacia arriba, y hornear a temperatura moderada durante una hora. Retirar del horno y escurrir el agua que se haya acumulado sobre los tomates y en la asadera. Dar vuelta los tomates y ponerlos de nuevo en el horno para asarlos una hora más. Retirar del horno, escurrirlos nuevamente, darlos vuelta y asarlos 40 minutos más. Apagar el horno y dejar allí los tomates hasta que se enfríen. Retirarlos y condimentarlos con aceite, orégano, vinagre y ajo. Guardarlos en frascos esterilizados y esperar, si puede, tres días para empezar a consumirlos.

La congelación

Antes de congelarlas, es necesario escaldar en agua hirviendo las verduras de hoja que se deben pelar o picar. Se dejan escurrir, e inmediatamente después se envasan y se congelan.

Las habas se pueden congelar directamente después de limpiarlas y pelarlas.

Se pueden congelar en forma casera casi todas las hortalizas, excepto los rabanitos, los champignones, las verduras para ensalada; y las papas y las remolachas, que sólo se pueden congelar en procesos industriales.

Qué son los alimentos transgénicos

Un organismo transgénico es aquel al que se le han incorporado uno o más genes de otra especie para otorgarle una característica ventajosa que antes no poseía.

 Un Organismo Modificado Genéticamente (OMG) es un organismo vivo que ha sido creado artificialmente manipulando sus genes.

Las técnicas de ingeniería genética consisten en aislar uno o varios genes de un ser vivo (virus, bacteria, vegetal, animal e incluso humano) para introducirlo(s) en el patrimonio genético de otro ser vivo. La diferencia fundamental con las técnicas tradicionales de mejora genética es que la ingeniería genética permite franquear las barreras existentes entre las especies para así crear seres vivos nuevos que no existían anteriormente en la naturaleza.

Es un organismo vivo; en este caso estamos hablando sobre todo de cultivos, en cuyos cromosomas han sido insertados genes de otra especie. Antes, los conocimientos científicos convencionales que se aplicaban al mejoramiento de las plantas sólo permitían cruzar plantas del mismo tipo que tuvieran distintas características, por ejemplo tomates rojos con amarillos, y obtener, como hay, tomates amarillos más productivos, o más grandes, etc. Un ingeniero genético que quiera darle la característica amarilla al tomate la puede tomar del tomate, de un árbol, de un virus, de una bacteria o de un pescado. Hoy ya hay, por ejemplo, plantas de papa a las que, en el ámbito experimental se les ha insertado genes de pollo, maíz con luciérnaga. No se trata de ciencia ficción, sino de informaciones científicamente avaladas. Genes de lenguado en tomates, de hamster en tabaco, de virus en melón, etc. La ingeniería genética ha superado los límites que hasta hace poco imponía la naturaleza. Nunca antes, desde que se práctica la agricultura, se habían logrado mejoramientos y cambios tan importantes en los animales y en las plantas. Y eso abre un montón de interrogantes, algunos relacionados con la salud humana.

En este momento existen 50 millones de hectáreas sembradas con transgénicos en el mundo, de las cuales 10 millones pertenecen a la Argentina y esta cifra seguirá aumentando. Esto significa que ya están ocurriendo impactos ambientales a través del influjo genético. Es decir, el polen que se libera de los cultivos transgenicos se cruza sin control con las plantas silvestres emparentadas (trigo transgenico con trigo "normal"). En consecuencia, se pierde biodiversidad y se generan formas de vida desconocidas hasta ahora. Este proceso no tiene reversión. Pero este no es el único efecto negativo que tienen los transgénicos, son muchos los efectos. Primero, los transgénicos exacerban la problemática de la agricultura convencional, porque promueve, a diferencia de lo que proponemos en este libro, aun más el monocultivo, al cual se asocian problemas ecológicos, sociales y económicos.

Dos o tres variedades genéticas controlan todo el paisaje, lo cual es un desastre, porque la homogeneidad genética esta ligada a la vulnerabilidad ecológica.

En segundo lugar, el paradigma que guía a los transgénicos es el mismo que el de los pesticidas.

 La revolución verde iniciada en los años '60 consistió en el desarrollo de variedades genéticas de alto rendimiento, con un alto consumo de agroquímicos. Ahora un gen resistente a determinada plaga es un pesticida, y sabemos que las plagas de insectos o de malezas desarrollan resistencias ante la continua presencia del estímulo. A la larga, se usarán más agroquímicos.

Existe un tercer problema. Los cultivos son resistentes a herbicidas de amplio espectro; matan todo excepto ese cultivo. Por lo tanto no se puede hacer diversificación, que es la clave para una agricultura sustentable, tampoco rotaciones, ni cultivos de cobertura. La producción se basa en monocultivos masivos. Por ejemplo hay cultivos llamados "Bt" (existe arroz, maíz, algodón del tipo "Bt"), que llevan en su interior una bacteria para controlar plagas. Esta bacteria es una toxina, un pesticida microbiano natural que utilizan los agricultores orgánicos para controlar las plagas. Pero al introducir el gen que produce esa toxina en el maíz, la planta la fabrica constantemente. De modo que si una polilla que puso sus huevos en esa planta y las larvas se alimentan de ella, morirán. La toxina mata a estos insectos dañinos pero, también tiene efectos negativos sobre los insectos benéficos, dado que los insectos benéficos se alimentan de bichos dañinos que poseen la toxina en su interior, matándolos también a ellos, igual que en el caso de los insecticidas.

Además cuando se ara el suelo después de la cosecha la toxina se pega a la tierra, donde permanece por 250 días y aún nadie sabe que efecto produce esa toxina en la fauna de la tierra, donde se encuentran los invertebrados que juegan un papel importante en el reciclaje de nutrientes. Si se los mata, el suelo pierde fertilidad y la gente que trabaja la tierra tendrá que depender más de los fertilizantes.

Cuando se habla de la ventaja de los transgénicos se dice que constituyen uno de los elementos que ayudarán a solucionar el hambre en el mundo. Pero el hambre es un problema de la pobreza y de la distribución nada tiene que ver con cuanto y que se produce. En este momento se da la paradoja de que mientras más alimentos existen, más hambre hay en el mundo. Esto es bien conocido por nosotros los argentinos que a pesar de ser un gran productor de alimentos, se siguen muriendo chicos por desnutrición infantil.

El hambre no esta ligado a la producción, sino al sistema económico. La agricultura no esta produciendo para darle seguridad alimentaria al mundo.

La principal razón que se da para cuestionar a los alimentos transgénicos es la del riesgo que implican para la salud humana.

Nadie se ha muerto aún por consumir transgénicos, pero lo mismo sucedió cuando se empezaron a aplicar los pesticidas. Los efectos cancerígenos de los pesticidas en la cadena alimentaria se empezaron a manifestar 10 o 20 años después porque son acumulativos. Por lo tanto, que hoy no se pueda mostrar una estadística no significa que en el futuro no habrá problemas de ese tipo con los transgénicos.

En lo inmediato, un efecto claro es la generación de alergias, porque los genes que se están introduciendo vienen de fuentes de las cuales no existe una historia alergénica. No sabemos si la bacteria que integra al grupo de los "Bt" nos traerá alergia, porque aún no hemos consumido nunca esta toxina.

En este momento podemos encontrar genes de lenguado en los tomates que los hacen resistentes a las heladas y se están realizando estudios para incorporar, en un futuro no muy lejano, genes de sapo en las uvas, porque tienen la facultad de regenerarse casi de inmediato en el caso de un corte o daño, lo que se considera muy apropiado para frutas muy delicadas que el mercado exige una excelente aspecto. Todo esto tiene un tremendo potencial alergénico.

Otro efecto en la salud humana es que en la construcción de alimentos transgénicos se usan sustancias que aumentan la resistencia a los antibióticos, de modo que la gente que come estos productos también se puede volver resistente a esos medicamentos y, cuando se enferme, los antibióticos no le van a hacer efecto.

Otro punto en contra de los alimentos transgénicos es que poseen menor contenido de nutrientes. Se sabe que la soja transgénica, resistente a herbicidas, tiene 33% menos de un fitoquímico llamado isoflavona y eso tiene importancia porque las isoflavonas son fitoestrógenos que protegen a las mujeres del cáncer, por lo que se les recomienda consumir soja. Gracias a eso las mujeres orientales padecen menos cantidad de cáncer que las mujeres occidentales. Sin embargo, con la soja transgénica se pierde esa protección natural.

También podemos considerar un alegato a favor de la ingeniería genética aplicada a los alimentos, como es el caso del "arroz dorado", que es una modificación al convencional para que este tenga mayor porcentaje de provitamina A; este es consumido en países donde existe un déficit en el consumo de esta vitamina. Pero este transgénico tampoco seria necesario si toda la población tuviera acceso a todos los alimentos.

No es que se deba estar en contra de la tecnología. De hecho los campesinos han estado utilizando biotecnología desde hace más de tres mil años, pero nunca se había aplicado ingeniería genética para transformar o crear formas de vida que hasta ahora no existían, y de las cuales no tenemos ninguna experiencia evolutiva. **¡Naturalmente nunca se podría haber cruzado el lenguado con el tomate salvo dentro de una salsa!**

Calendario de siembra
(apto para la zona geográfica argentina)

Primavera - Verano

Especie	Época y forma de siembra	Distancia entre plantas	Distancia entre líneas	Conviene asociar con	Grs. de semilla para 10 m. de surco	Días de cosecha	Mts. sugeridos para una flia. de 4/5 personas
Acelga	Diciembre a Abril (directa)	20	30-50	Lechuga Escarola	5 grs.	50-70	10 m de surco
Achicoria	Todo el año (directa)	20	30-45				
Albahaca	Septiembre (almácigo) Octubre-Noviembre (trasplante)	20	40	Tomate	0,5 grs.	100	2 m
Apio	Septiembre a Mayo (directa)	20-25	70	Repollo Puerro	2 grs.	100	
Berenjena	Agosto (almácigo) Octubre (trasplante)	45-60	60	Poroto Caléndulas	0,5 grs.	160	15 plantas
Cilantro	Todo el año (directa)	no ralear	30			90-150	
Coliflor	Septiembre a Mayo (almácigo)	45-50	50-70	Acelga Cebolla Espinaca Habas Remolacha		15-180	
Hinojo	Enero a Mayo (almácigo)	30	70			100-130	

88

Lechuga (directa)	Agosto a Marzo	15-20	30	Acelga Rabanito Zanahoria Repollo	2 grs.	50-70	10 m de surco
Maíz	Septiembre a Diciembre (directa)	30	70	Poroto Zapallo Acelga	30 grs.	100-130	20 m de surco
Melón	Septiembre a Octubre (directa)	90	120-180	Maíz Acelga	2 grs.	100	5 m de surco
Orégano	Todo el año (almácigo)	15-20	40			Perenne	
Pepino	Septiembre a Enero (directa)	75	90-120			120-150	
Perejil	Septiembre a Octubre Febrero a Marzo (directa)	no ralear	30	Tomate	5 grs.	60-90	7 a 10 m de surco
Pimiento	Julio a Agosto (almácigo) Octubre (trasplante)	40-45	60	Zanahoria	1 grs.	75	10 m de surco 25 plantas
Poroto (chaucha)	Octubre a Enero (directa)	20-30	70	Maíz Zapallo	En chacra: 3 semillas por cada mata de maíz. En surco: 10 grs.	70	20 m de surco 50 plantas
Rabanito	Agosto a Octubre Febrero a Marzo (directa)	35-40	al voleo	Zanahoria Tomate Lechuga	5 grs.	25-30	5 m de surco
Radicheta	Todo el año (directa)	no ralear	al voleo			120-150	

Especie	Época y forma de siembra	Distancia entre plantas	Distancia entre líneas	Conviene asociar con	Grs. de semilla para 10 m. de	Días de cosecha	Mts. sugeridos para una flia. de 4/5 personas
Remolacha	Todo el año (directa)	15	40	Repollo Lechuga Coliflor Brócoli Ajo	5 grs.	90-100	5 a 10 m
Repollo	Septiembre a Octubre (almácigo) Octubre a Noviembre (trasplante)	35-40	70	Lechuga Apio Zanahoria	0,5 grs.	90-100	5 m de surco 10 plantas
Rúcula	Todo el año (directa)	20-25	al voleo			60	
Sandía	Septiembre a Diciembre (directa)	90	100		4 grs.	120-150	10 m de surco
Tomate	Septiembre a Octubre (almácigo) Octubre a Diciembre (trasplante)	20	50	Albahaca Zanahoria	1 grs.	80-100	16 m
Zanahoria	Agosto a Noviembre (chatenay) Diciembre a Marzo (criolla)(directa)	10	40	Lechuga Tomate Escarola Rabanitos	3 grs.	150	10-15 m
Zapallo calabacita (anco)	Octubre a Noviembre (directa)	100	100	Maíz Poroto Acelga	En surco: 4 grs.	120-150	10 m de surco 50 plantas
Zapallito	Septiembre a Febrero (directa)	90-100	100	Poroto Maíz	10 grs.	90	10 m

Conviene tener en la huerta flores como caléndulas, copetes y tacos de reina (capuchina), y también hierbas aromáticas como albahaca, orégano, salvia y romero, entre otras.

Este calendario de siembra fue preparado para la pampa húmeda.

- Si usted vive en la región comprendida entre la pampa húmeda y en NOA - NEA (San Juan, sur de La Rioja, norte de Córdoba, centro de Santa Fe, norte de Entre Ríos y sur de Corrientes, conviene sembrar en primavera-verano 15 a 30 días antes de lo indicado, y en otoño-invierno 15 días después de lo indicado.

- Si usted vive al norte de la región descripta anteriormente considere sembrar en primavera - verano igual que la región anterior, pero entre el 15 de diciembre y el 15 de febrero, no conviene sembrar por el intenso calor. En otoño - invierno se siembra igual que la zona anterior.

- En la zona comprendida por el sur de Buenos Aires, La Pampa, sur de Mendoza, norte de Río Negro, norte de Neuquén. Conviene sembrar 15 a 30 días después de lo indicado en el calendario y en otoño- invierno 15 días antes de lo indicado.

- En la Patagonia a partir de septiembre se cultiva lo programado para otoño-invierno y los de primavera - verano en iguales fechas que la región anterior. En otoño-invierno no se puede sembrar al aire libre

Otoño - Invierno

Especie	Época y forma de siembra	Distancia entre plantas	Distancia entre líneas	Conviene asociar con	Grs. de semilla para 10 m. de surco	Días de cosecha	Mts. sugeridos para una flia. de 4/5 personas
Acelga	Mayo a Diciembre (directa)	20	30-50	Cebolla Coliflor Repollo Lechuga Escarola	5 grs.	50-70	10 m
Ajo	Febrero a Abril (directa)	15	40	Lechuga Remolacha	66 dientes	150-180	1 a 2 m
Arveja	Mayo a Agosto (directa)	5	40	Repollo Ajo Zanahoria	60 grs.	120-150	10 a 30 m
Brócoli	Febrero a Abril (almácigo) Mayo-Junio (trasplante)	30-40	50	Espinaca Remolacha			
Cebolla	Febrero (angaco) Julio (directa)	8-10	30	Lechuga Repollo Remolacha Coliflor	1 grs.	150-180	20 m
Escarola	Enero a Junio (directa)	20	40	Lechuga Repollo Remolacha Zanahoria	2 grs.	80-100	10 m

Cultivo	Época de siembra			Asociación	Semilla	Días	Distancia
Espinaca	Febrero a Agosto (directa)	20	40	Repollo Remolacha Coliflor Brócoli		45-60	5 a 10 m
Habas	Abril a Agosto (directa)	30	70	Repollo Coliflor Zanahoria	5 grs.	150-180	10 m de tablón
Lechuga	Febrero a Julio (directa)	20	20	Acelga Remolacha Zanahoria Repollo Puerro Cebolla	60 grs.	50-70	20 a 30 m
Nabiza	Enero a Junio (directa)	20-25	40		2 grs.	50-70	
Perejil	Febrero a Marzo (directa)	1	40	Zanahoria		60-90	5 m
Puerro	Febrero a Abril (almácigo) Mayo a Junio (trasplante)	3-8	40	Zanahoria Apio Lechuga	5 grs.	120-150	10 m
Rabanito	Febrero a Mayo (directa)	35-40	al voleo	Zanahoria Espinaca Lechuga Arveja	2 grs.	20-30	5 m
Repollo	Febrero a Marzo (angaco) Mayo a Junio (trasplante)	35	70	Remolacha Lechuga Puerro Cebolla Arveja	5 grs. 0,5 grs.	90-100	5 a 10 plantas

Especie	Época y forma de siembra	Distancia entre plantas	Distancia entre líneas	Conviene asociar con	Grs. de semilla para 10 m. de	Días de cosecha	Mts. sugeridos para una flia. de 4/5 personas
Zanahoria	Febrero a Marzo (criolla) Mayo a Noviembre (chantenay) (directa)	10	40	Puerro Cebolla Lechuga Arveja	4 grs.	150	10 a 15 m

Indice de Hortalizas

ACELGA

AJI

AJO

ALCAUCILES

APIO

ARVEJAS

BERENJENAS

BERRO

BROCOLI

CEBOLLA

CHAUCHAS

CHOCLO

COLIFLOR

ENDIBIAS

ESPARRAGOS

ESPINACA

HINOJO

LECHUGA

PAPA

PEPINO

PEREJIL

PUERROS

RABANOS y RABANITOS

RADICHETA

REMOLACHA

REPOLLO

TOMATES

ZANAHORIAS

ZAPALLITOS

ZAPALLO

ACELGA

Asociación favorable: pepinos, ajos, cebolla y lechuga

Cuidados generales

La acelga se siembra a fines de verano y hasta mayo, o en agosto y septiembre. Si se cuenta con distintas variedades se puede cosechar durante todo el año.

Es un cultivo poco exigente, sólo necesita agua y la tierra carpida. Se siembra a 10 cm de distancia entre cada planta y 10 cm entre los surcos. Si se siembra al voleo, las plantas se deben ralear cuando brotan.

Se puede cosechar cortando sólo las hojas grandes externas, con una tijera o cuchillo filoso, para permitir que la planta rebrote y rinda 2 ó 3 cosechas.

Información nutricional

La humilde acelga es una excelente fuente de betacarotenos, que en el cuerpo se transforman en vitamina A, vitamina C, hierro, magnesio, potasio, selenio, calcio y ácido fólico (al igual que todas las hortalizas de hoja de color verde intenso).

Tiene pocas calorías, sólo 23 cada 100 gr. También aporta gran cantidad de fibra.

Para una mejor absorción del hierro se aconseja consumirla inmediatamente después de ingerir alimentos que contengan vitamina C, por ejemplo, frutas cítricas, kiwi, frutilla, tomate, ají o repollo, o junto con ellos.

Propiedades

Es diurética y laxante.

Usos en la cocina

Se aprovechan mejor sus nutrientes si se añaden a las ensaladas las hojas pequeñas crudas. La mejor forma de cocinarla es al vapor.

Tiempo de cocción

Al vapor	5 a 20 minutos.
Hervidas	5 a 15 minutos.
Al horno	Es un tipo de cocción poco habitual.
Olla a presión	1 minuto

Budín campestre

Ingredientes:
¾ kg de acelga hervida
½ kg de papas hervidas
1 ½ cucharadita de tomillo
2 huevos
1 hoja de laurel
1 diente de ajo picado
1 taza de salsa de tomate
Perejil picado
Sal y pimienta

Preparación:
Hacer un puré con las papas; escurrir la verdura y picarla; agregarle el ajo, el perejil y el tomillo picados; salpimentar y agregarle los huevos ligeramente batidos. Colocar la mezcla en una budinera lubricada con rocío vegetal y hornear a baño María durante 20 minutos. Servir acompañado de la salsa de tomate.

AJI o PIMIENTO

Es el fruto del pimiento, originario de América. Existen más 150 variedades de ajíes o pimientos. Pueden ser de color verde, amarillo, rojo y ahora también violeta. A esta familia pertenece el pimiento dulce que nosotros conocemos también como morron.

Cuidados generales

Este es un cultivo relativamente simple y de larga cosecha. Se pueden adquirir los plantines de ajíes a fines de la primavera o bien sembrar en almácigos a principios de la misma estación como si fueran tomates. Se calculan seis semanas antes de transplantarlos a su lugar definitivo, teniendo cuidado con el período de heladas.

Es una planta que se adapta al cultivo en maceta siempre y cuando esta sea grande.

Se guían las plantas con cañas o hilos y se despuntan los extremos cuando éstos alcanzan una altura de 40 cm.

Al regar es conviente no mojar los frutos, pues se pueden pudrir.

Se recojen los frutos cuando adquieren buen color. En el momento de la cosecha no se deben arrancar los frutos, sino cortarlos dejando 2,5 cm de tallo.

Información nutricional

El color no influye en el valor nutricional. Resultan una excelente fuente de betacarotenos y es fuente de vitamina C que mejora la absorción del hierro (siempre que se lo consuma crudo), también facilita la absorción del calcio.

Los ajíes verdes pertenecen a la misma planta que los rojos, la diferencia está en que los primeros aún no están maduros.

Los ajíes verdes suministran, además, diferentes clases de vitamina B, razón por la cual son recomendables para mujeres que toman anticonceptivos, ya que estos provocan la perdida de esas vitaminas.

Los ajíes picantes poseen un fitoquímico que se llama capsaicina (es la sustancia que les da el picor). Éstos se utilizan en los países asiáticos en forma de compresa como antiinflamatorio.

Tiempo de cocción

Al vapor	Es un tipo de cocción poco habitual o inconveniente para esta hortaliza.
Hervidas	5 minutos.
Al horno	25 a 30 minutos
Olla a presión	Sucede lo mismo que con la cocción al vapor.

Ajíes morrones rellenos

Ingredientes
6 morrones
3 pancitos remojados en leche
2 huevos batidos
2 cdas. de queso rallado
50 gramos de jamón cocido
15 aceitunas verdes sin carozo
Ajo, perejil y sal

Preparación
Quitarle el tronco y las semillas a los ajíes. Picar las aceitunas, el ajo, el perejil y el jamón. Agregar los elementos picados a los pancitos remojados en leche junto con los huevos batidos, el queso rallado y la sal.

Rellenar los ajíes con la preparación, espolvorearlos con queso rallado y ponerlos en una fuente para horno aceitada. Cocinar en horno caliente hasta que los ajíes se doren.

AJO

Asociación favorable: lechuga, tomates, gran afinidad con porotos y con los rosales.

El ajo nació en Asia central hace unos 5000 años, fue conocida desde los tiempos antiguos por sus efectos curativos. Hipócrates clasificó al ajo como medicina sudorífera, estableciendo que era " caliente, laxante y diurético". Ya los trabajadores que construyeron las pirámides de Egipto eran alimentados principalmente con cebollas y ajos. En el siglo VI a.C., los bulbos de ajo eran usados en la India como medicamento. En todo el mundo antiguo desde Roma hasta China, los bulbos eran considerados útiles para tratar la sordera, los parásitos intestinales, la falta de apetito, la lepra y los desordenes respiratorios. Durante la Primera Guerra Mundial, época anterior al descubrimiento de la penicilina, se utilizo el ajo para prevenir infecciones. Actualmente se lo considera útil en casos de hipertensión arterial. Además es antiparasitario y contribuye a evitar la formación de coágulos y a mejorar la circulación de la sangre.

Cuidados generales

Necesita buen sol. Siembre en otoño, ya que para obtener unas buenas cabezas de ajo es preciso que la planta pase varias semanas a bajas temperaturas.

Plante algunos dientes fuertes y sanos de ajo, a una profundidad de 3 cm, separados entre sí por 15 cm. El ajo prefiere los suelos ligeros, así que remueva bien los que sean más pesados.

Es un buen ahuyentador de plagas, por lo que conviene intercalarlo entre las siembras o rodear el cultivo.

En verano, los tallos y hojas pierden su color verde y su vigor. Es el momento de desenterrar los bulbos.

Deje secar antes de guardar los bulbos, si es posible al sol.

CONSEJO PRÁCTICO

Para que las plantas de ajos formen dientes grandes se debe hacer un nudo con la flor, luego de que esta se abra. ¡Aunque usted no lo crea!

Información nutricional
Muy rico en fitoquímicos que promueven la producción de enzimas que ayudan a combatir las sustancias carcinogénicas, ayuda a combatir la infección por bacterias, bajan la presión, y el colesterol LDL y reducen la formación de placas en el interior de las arterias (aterosclerosis).

Usos en la cocina
Cocidos son más fáciles de digerir, excepto cuando van incorporados a guisos y salsas con alto contenido de grasa. En el otoño comienzan a brotar por lo que es conveniente quitarles el brote antes de cocinarlos o comerlos crudos, dado que este es de difícil digestión.

Sugerencia
Pelar una cabeza de ajo, colocar los dientes en un frasco y cubrirlos con aceite de oliva u otro. Mantener en la heladera durante 2 semanas: el aceite habrá adquirido un exquisito gusto a ajo, ideal para aderezar ensaladas o untar pan.

También pruebe las hojas de ajo cuando aun están verdes, en quesitos con hierbas o picadas encima de un consomé. Realmente le va a gustar!!!

ALCAUCILES

Cuidados generales

La planta es semejante al cardo, llaga a tener una altura de 1 metro o más y ocupa un espacio de 80 cm.

Se puede sembrar a partir de semilla. Se siembra directamente en su lugar o en almácigos. La germinación es lenta. Pero el mejor método de reproducción es por hijuelos, o sea los brotes con raíces que nacen de la planta madre. Esta propagación se debe hacer en otoño o primavera. Se deben plantar los retoños a 60 cm de profundidad dejando 1,5 metros entre plantas. Produce por 10 años, por lo que hay que tener en cuenta que el espacio a donde se lo destine quedará ocupado por mucho tiempo.

El alcaucil necesita un clima templado que no sea muy húmedo ni muy seco; el mejor terreno es el arcilloso con abundante calcio, profundo y fresco

En invierno si la temperatura es muy baja, la planta se seca. Se puede proteger los brotes de la helada aporcando las hojas externas alrededor del tallo. No se olvide de acolchar la tierra con pasto seco de modo que el clima no la erosione.

A los tres años de plantada, o todos los años si fuera posible es conveniente abonar el suelo.

En el verano se deben cortar las plantas al ras del suelo, extirpando en primer lugar las hojas en mal estado.

Para que los alcauciles aumenten de tamaño, deje sólo tres o cuatro yemas por rama.

La cosecha comienza al segundo año de plantado el alcaucil, desde el mes de abril hasta el verano, según la zona y la variedad.

El corte debe hacerse con una porción de pedúnculo con un cuchillo bien afilado cuando el capullo esta bien cerrado.

ASTUCIAS SALVADORAS

Se aconseja prepararlos al horno o al vapor. El alcaucil ya cocinado debe consumirse enseguida, pues se deteriora con rapidez.

Información nutricional
Aporta fundamentalmente vitamina C, fósforo y calcio. Estimula la secreción biliar y tonifica el hígado, con lo que favorece la salud y la digestión.

TRUCOS EN TU COCINA
Lavar las hojas con abundante agua y jugo de limón, lo que las ablandará y evitará que se oxiden.

Tiempo de cocción
Al vapor	35 minutos
Hervidas	15 a 35 minutos.
Al horno	30 a 60 minutos
Olla a presión	15 minutos

Alcauciles a la triestina

Ingredientes
Alcauciles
Pan rallado
Queso parmesano rallado
Perejil
Ajo
1 limón
aceite de oliva
sal y pimienta

Preparación
Quitarle a los alcauciles las primeras hojas y el tronco. Recortarle las puntas. Separar bien las hojas y dejar los alcauciles en remojo por 20 minutos en abundante agua con el jugo del limón. Escurrirlos y rellenarlos con una mezcla de pan rallado, perejil picado y ajo triturado, queso rallado, sal y pimienta (se le puede agregar también anchoas picadas) poner los alcauciles rellenos parados en una cacerola, uno al lado del otro, inclusive los cabos cortados. Rociar con el aceite por encima y llenar hasta la mitad de la altura de los alcauciles con agua y dejar cocinar hasta que estos estén blandos. Si fuera necesario agregar más agua.

APIO

Asociaciones desfavorables: hinojo y perejil

El apio era una planta sagrada entre los griegos, quienes la utilizaban en muchas ceremonias fúnebres. La denominaban "planta lunática", y le atribuían una acción calmante sobre el sistema nervioso. La utilizaban contra el dolor de muelas; para calmarlo colocaban una pequeña rama de apio al lado de la muela enferma.

Cuidados generales

El apio no soporta la sequía. Es una planta de crecimiento lento, por eso se puede intercalar con cultivos de crecimiento más rápido, como lechuga y/o rabanito

Si se riega abundantemente se evita que espigue antes de lo previsto y se consigue que los tallos estén crujientes.

Se plantan a 25 centímetros de separación entre matas, para poder trabajar cómodamente entre las plantas. Para que los tallos de los apios sean de color blanco se envuelven en cartón corrugado o papel; eso impide exponerlos al sol y la planta no puede realizar la fotosíntesis.

Se cosecha en otoño e invierno; eso es ventajoso, pues se va cortando a medida que se necesita, ya que la planta se desarrolla más lentamente en esa época.

Información nutricional

El valor nutricional del apio radica principalmente en las hojas. Aporta fibras, potasio, sodio y, en menor medida, fósforo.

Prácticamente no aporta calorías. El masticar los tallos proporciona un efecto calmante sobre la ansiedad.

Usos en la cocina

Sus virtudes aromatizantes lo hacen ideal para incluirlos en canapés, jugos de verduras, sopas, carnes y ensaladas.

Las hojas, que a menudo se descartan, son muy nutritivas y convenientes a la hora de realzar sabores. Las semillas, que se usan esporádicamente, son apropiadas para guisos, cazuelas, salsas y sopas. Los tallos se usan crudos, picados y mezclados con queso blanco, huevo duro y pickles, o como complemento de canapés y ensaladas.

Tiempo de cocción

Al vapor	20 a 30 minutos
Hervidas	10 a 15 minutos.
Al horno	2 a 3 minutos
Olla a presión	4 a 10 minutos

Tortilla de apio

Ingredientes:
1 apio
100 g de queso de maquina
3 huevos
3 cucharadas de crema de leche
1 cucharada de harina
Aceite - sal y pimienta

Preparación:
Limpiar el apio, retirarle los hilos más gruesos y cortarlo en trocitos regulares. Cocinarlo en abundante agua con sal, escurrirlo y rehogarlo en un poco de aceite. Batir los huevos, añadir la harina y la crema, y mezclarlo bien. Agregar el apio y el queso rallado. Cocinar todo en una sartén antiadherente de modo que quede dorada de ambos lados.

ARVEJAS

Asociaciones favorables: zanahoria, rábano, rabanitos, espárrago, coles y espinaca.

Crecían en estado salvaje miles de años antes de Cristo. Y los egipcios, los griegos y los romanos gustaban tanto de ellas que cultivaron una variedad de origen chino.

Cuidados generales
La arveja es una planta anual, rústica y mejoradora del terreno, de fácil crecimiento, prefiere los climas cálidos.
La arveja no debe sembrarse más de dos años seguidos en el mismo terreno.
La siembra puede hacerse en cualquier época del año. Se siembra a mano a una profundidad de 3 a 5 cm y a una distancia entre plantas de 30 cm si son variedades enanas y a 50 cm si la variedad es de enrame.
Si la variedad elegida es la segunda cuando la planta llega a los 20 cm de altura se la debe tutorar o bien se puede plantar en la base de una carpa de indios de forma tal que pueda trepar sin problemas.
No le gusta el exceso de agua ni competir con yuyos, especialmente cuando la planta es chica.

Información nutricional
Nos aporta hidratos de carbono en mayor cantidad cuando las arvejas están secas o en lata (son arvejas secas remojadas), también nos aporta fibras, tiamina y niacina que son vitaminas del complejo B

Usos en la cocina
Cuando estas legumbres son nuevas, resultan tiernas y se cocinan rápidamente, pero al envejecer se ponen duras y harinosas. Una manera simple de realzar su sabor consiste en prepararlas a la francesa: cocínelas en su propio jugo con un trocito de manteca, un corazón de lechuga, cebolla de verdeo, un ramito de hierbas aromáticas y ¼ de cucharadita de azúcar.

BERENJENA

Asociación beneficiosa: porotos

Es una planta originaria de la India. En un principio se consideró que era venenosa. Sólo se comenzó a consumir a partir del siglo XV. Existen diversas variedades, como la negra común, la blanca y la jaspeada. Las diferencias de sabor entre ellas son mínimas.

Cuidados generales

Se adapta bien al cultivo en maceta. La planta mide entre 50 centímetros y un metro de altura. Se siembra en el mes de agosto y se trasplantan las plantitas en septiembre y octubre.

Con mucho sol y riego regular aparecen los frutos a los dos o tres meses. Cuando se hayan desarrollado varios frutos se despunta la planta para que los frutos crezcan con más fuerza.

Las berenjenas se retiran apenas estén maduras, porque si no se vuelven amargas. Se separan de la planta mediante un corte en el tallo. No se arrancan, pues la planta sufre mucho. Sigue fructificando hasta la primera helada. La planta desarrollada necesita el aporte de abono en forma regular.

Información nutricional

Aporta agua y fibras; es muy rica en potasio, calcio y vitamina A. Además tiene bajo contenido de sodio. Es buena para mejorar la función intestinal y prevenir la constipación. Ayuda a reducir el colesterol y regular la presión arterial. También es útil para prevenir el envejecimiento prematuro de las células. Aportan pocas calorías (23 calorías cada 100 gr), por lo que es ideal para incluir en planes de reducción de peso.

Usos en la cocina

Las berenjenas, acompañadas con tomates, ajo, zapallitos y aceitunas, se usan en numerosos platos de la cocina mediterránea y la oriental. Para procesarlas en la cocina se eligen las de piel lisa y pulpa firme. Se consumen con o sin cáscara.

TRUCOS EN TU COCINA

Para quitarles el sabor amargo, se cortan en rodajas, se colocan en un escurridor y se espolvorean con sal fina. Se dejan reposar unos 30 minutos y se enjuagan con abundante agua fría.

No deben consumirse crudas por que contienen solanina, sustancia tóxica que se destruye completamente con la cocción.

Tiempo de cocción

Al vapor	15 a 20 minutos
Hervidas	5 a 10 minutos.
Al horno	23 a 30 minutos
Olla a presión	4 a 10 minutos

Berenjenas a la griega

Ingredientes:
2 berenjenas grandes
1 cebolla picada
2 dientes de ajo picados
50 g de jamón cocido picado
2 tomates perita
12 cucharadas de arroz hervido
1 cucharada de perejil picado
200 g de mozzarella
sal

Preparación:
Cortar las berenjenas en mitades a lo largo y cubrirlas con sal gruesa o con leche; dejarlas reposar durante 30 minutos. Enjuagarlas y retirarles la pulpa. Pelar los tomates, retirarles las semillas y picarlos. Aparte rehogar la cebolla y el ajo en aceite. Picar la pulpa de la berenjena y mezclarla con los tomates, incorporarla a la sartén junto con el jamón cocido. Cocinar durante 10 minutos. Colocar la mezcla en un bol y agregarle el arroz hervido. Rellenar las berenjenas y colocarlas en un recipiente para horno, previamente lubricado con rocío vegetal, y cocinar durante 15 minutos. Cubrirlas con la mozzarella y gratinar 5 minutos.

BERRO

Los tallos y las hojas del berro son comestibles. Su agradable sabor es ligeramente amargo y picante, semejante al de la mostaza. Esta planta pertenece al grupo de las crucíferas. Se incluye en ensaladas en lugar de la lechuga.

El berro de agua
Necesita humedad abundante y permanente. Crece bien a temperaturas frescas. El excesivo calor las hace florecer y de ese modo termina su ciclo productivo. Se siembra en almácigo para luego trasplantar cuando las plantas tengan 4 hojas. El lugar ideal para sembrarlo es al lado de una canilla que gotee, para que nunca les falte el agua. Se cosecha cortándolo de 8 a 10 centímetros del suelo para permitir el rebrote.

El berro de tierra
Se puede cultivar en macetas. Necesita una temperatura aproximada de 10° C. La tierra se debe mantener siempre húmeda, pero no es necesario inundarla como en el caso del berro de agua. Crecen muy rápido. Se comen cuando son muy tiernos.

Información nutricional
Posee un efecto protector sobre el aparato digestivo. Aporta una respetable cantidad de vitaminas C, beta-carotenos y fibra. Es mejor consumirlo crudo, para conservar los nutrientes y lograr mejor aporte de fibras.

TRUCOS EN TU COCINA
Cuando se limpia el berro no hay que olvidarse de dejarlo, una vez lavado, en remojo con agua y vinagre para que se desprendan las pequeñas babosas que suelen tener pegadas en el dorso de la hoja.

Tarta de berro y queso

Ingredientes:
1 tapa de masa para tarta
1 cebolla chica rallada
½ kg de berros
25 g de manteca
1 diente de ajo
1 cucharadita de mostaza
1 cucharada de nueces picadas
2 huevos
2 cucharadas de crema de leche
150 g de queso fresco
sal y pimienta

Preparación:
Forrar una tartera, previamente aceitada, con la masa. Cocinar en horno caliente 10 minutos.
Limpiar los berros y eliminar los troncos duros, lavar y escurrirlos. Colocar la cebolla en una sartén con manteca y rehogarla a fuego mediano. Cuando esté transparente, agregar los berros y cocinar 2 ó 3 minutos. Procesar la preparación hasta integrarla. Sazonar con sal, pimienta, la mostaza y las nueces. Agregar los huevos y la crema y procesar unos segundos. Rellenar la tarta. Cortar el queso en láminas y disponerlo sobre la superficie. Gratinar en horno caliente 10 minutos.

BROCOLI

Según hallazgos históricos, este pariente cercano de la coliflor creció en forma silvestre en zonas mediterráneas y recién comenzó a cultivarse domésticamente entre los siglos XVII y XVIII.

Cuidados generales

Es un cultivo resistente y exige poco del suelo. Hay distintas variedades que se pueden cultivar durante todo el año.

El brócoli tolera el suelo menos fértil que las demás crucíferas, por lo que constituye una excelente alternativa a la coliflor.

Las variedades de crecimiento rápido tardan entre 10 y 11 semanas en madurar y un mes más en el caso del resto de las variedades. Se siembra en forma escalonada para obtener cosechas por más tiempo.

Se inicia en almácigos y se trasplanta dejando un espacio de 30 cm entre plantas y 30 entre hileras de modo de dejar espacio para que la planta crezca y de flores no solo centrales sino también laterales.

Riegue con regularidad y no se olvide de acolchar los espacios que quedan entre las plantas.

Se cosechan las flores cuando aun son un capullo, por lo que hay que tener cuidado en primavera con los golpes de calor que abren las flores inmediatamente.

También se debe tener cuidado con las heladas que pueden producir manchas marrones en la flor sin desmerecer su sabor.

Información nutricional

El brócoli al igual que el repollo, la coliflor, los repollitos de Bruselas, el nabo, el rábano y los rabanitos, pertenecen al grupo de las crucíferas, valoradas por sus propiedades anticancerigenas, principalmente el de mama, estómago y colon.

El brócoli también tiene un alto contenido de vitamina C, K y B6 (al igual que en todas las crucíferas) y betacaroteno, calcio y un contenido moderado de fibras.

Tiempo de cocción

Al vapor	15 a 18 minutos
Hervidas	9 a 15 minutos.
Al horno	no se cocinan habitualmente
Olla a presión	no se cocinan habitualmente

Fideos con brócoli

Ingredientes:
200 g de cintas verdes
½ kg de brócoli
2 dientes de ajo
100 gr. de queso blanco
3 cdas de queso rallado
sal, pimienta, nuez moscada
8 cdas de leche descremada

Preparación:
Hervir las cintas en agua con sal. Escurrirlas y cortarlas en trozos.
Hervir el brócoli y separarlo en gajos. Mezclar el queso blanco con
la leche descremada y el ajo deshecho. Mezclar los fideos con la
verdura en una fuente, espolvorear con queso de rallar y servir bien
caliente.

CEBOLLA

Asociación favorable: coles, lechuga, tomate, zanahoria (espanta las moscas) y remolacha

Asociación desfavorable: porotos y arvejas

Múltiples escritos romanos recuerdan el valor que le adjudicaban como alternativa medicinal; la recomendaban por sus propiedades curativas para problemas oculares y, también, en casos de mordeduras de serpientes. En cambio, los orientales la miraron siempre con suspicacia y fueron reticentes en su consumo ya que consideraban que interfería con el desarrollo espiritual. Los griegos, por su parte, predispuestos al placer, creyeron descubrir en ella no solo propiedades afrodisiacas sino también capacidad para estimular el apetito.

Existen, distintas variedades de cebolla. La más común es la marrón, también existen blancas, amarillas, redondas, ovales y moradas que se diferencian en su sabor y ofrecen alternativas múltiples de uso en la cocina.

Cuidados generales

Para favorecer la germinación colocar las semillas de cebolla en agua a 35°C por varias horas

La cebolla se siembra dejando 5 ó 10 cm entre plantas, depende de la clase y el tamaño de la cabeza. Compite muy mal con los yuyos, por lo que hay que mantener el terreno limpio.

Al igual que el ajo se le debe anudar la flor para que el bulbo se desarrolle.

Se cosecha cuando las hojas se secan. Guardar las cebollas en forma de ristra o en bolsas de red, en un lugar seco, fresco y bien aireado.

También podemos cultivar cebollines. Este es un cultivo perfecto para realizar en maceta. Se parte de semillas y se va cortando constantemente para que rebrote

La cebolla de verdeo necesita un recipiente amplio, tierra fértil y clima cálido. Se pueden cultivar a partir de semilla o de bulbo pequeño.

Información nutricional

Desde hace años, se habla de los efectos medicinales de las aliáceas. A la cebolla en particular, se le atribuyen efectos benéficos en la prevención de resfríos, el tratamiento de algunas indigestiones, la inducción al sueño y la estimulación del apetito. Lo cierto es que los estudios realizados indican que el consumo de cebolla tendría ventajas concretas para controlar los lípidos en sangre y la hipertensión arterial. Contiene, además, una sustancia que evita la formación de coágulos sanguíneos y la hipertensión arterial. También protege contra el cáncer. Todos estos beneficios se los debemos a los fitoquímicos.

La cebolla también contribuye con buenas cantidades de potasio y fibras.

Usos en la cocina

Para evitar las lágrimas de cocodrilo cuando corta cebollas, existen varios trucos, pero lo único que funciona es usar un cuchillo bien afilado. Teniendo en cuenta de no dejar algún dedo en la tarea.

Si el sabor al comerlas crudas le parece demasiado fuerte, lo ideal es sumergirlas una vez cortadas en agua hirviendo y dejarla unos minutos.

Tiempo de cocción

Al vapor	25 a 40 minutos
Hervidas	15 a 30 minutos.
Al horno	50 a 60 minutos
Olla a presión	3 minutos

Cebollas sorpresa

Ingredientes
5 cebollas
100 gr. de carne picada
sal y pimienta
3 aceitunas picadas
1 cda. de manteca
1 huevo
2 cdas. de miga de pan remojada en leche
1 cda. de queso rallado
1 taza de caldo
perejil

Preparación

Cocinar las cebollas con agua y sal y ahuecarlas. Poner en una sartén la manteca; cuando este caliente agregar lo extraído a las cebollas dejándolo dorar. Añadir la carne picada, la miga de pan exprimida, las aceitunas y el perejil bien picados. Retirar del fuego y agregar el huevo. Sazonar con sal y pimienta y luego rellenar las cebollas con mucho cuidado. Espolvorearlas con queso rallado. Poner estas en una cacerola con caldo hasta la mitad. Tapar bien la cacerola, calentar y servir.

CHAUCHAS

Cuidados generales

Existe una amplia variedad de chauchas, cada una con algo para rescatar. Se siembra directamente en una jardinera a fines de primavera (se puede sembrar pegada el cerco perimetral de la huerta, así ésta puede trepar) o en un sistema vertical tipo carpa de indio, a una profundidad de 5 cm con una separación entre plantas de 15 a 25 cm. Necesitan un ambiente cálido y húmedo. También se la puede cultivar sin tutores, pero para eso se necesita mucho lugar y se le da el mismo tratamiento que al zapallo. Si desbordan su lugar se les corta la yema terminal.

Cuando se recogen las chauchas hay que tener mucho cuidado de no dañar las flores y los tallos para que la planta siga fructificando.

Información nutricional

Aporta fibras, algo de vitamina K y vitamina C, también nos aporta potasio.

La mejor forma de cocinarlas es cortadas en juliana y hervirlas con la olla destapada a fuego fuerte, de modo que conserven su sabor y su color

Tiempo de cocción

Al vapor	15 a 30 minutos
Hervidas	15 a 25 minutos.
Al horno	Es una cocción poco habitual
Olla a presión	1 a 3 minutos

Chauchas a la florentina

Ingredientes
500 de chauchas, 1 cebolla
2 cdas de aceite
salsa de tomates
una pizca de semillas de hinojo
sal y pimienta

Preparación

Cortar las chauchas en juliana muy fina, colocarlas en agua hirviendo con la cacerola destapada, escurrirlas cuando aún estén al dente. Aplastar las semillas de hinojo hasta reducirlas a polvo. Colocar sobre el fuego una cacerola (sí es posible de barro) con el aceite y la cebolla cortada en rodajas finas. Dejar cocinar a fuego lento por unos minutos, luego agregar las chauchas bien escurridas, sal, pimienta y las semillas de hinojo machacadas. Después de algunos minutos agregar una cucharada de salsa de tomate mezclar bien, tapar bien y cocinar por alrededor de 15 min. Servir bien caliente.

CHOCLO

Originaria de América, fue Cristóbal Colón el primer importador de Europa.

Cuidados Generales

Es una planta anual que prospera admirablemente en terrenos de mediana consistencia y ricos en humus.

En algunas regiones del país (provincias del norte) pueden sembrarse desde fines de julio en adelante, cuando ya no se esperan más heladas.

Tenga en cuenta que la planta alcanza hasta los 2 metros de altura si su quinta es chiquita plante el choclo de manera de no quitarle el sol a las demás plantas. Los tallos del maíz pueden servir de tutor para chauchas, arvejas o habas.

Se siembra cada 30 cm poniendo 2 semillas en cada agujero y se aporca la planta a medida que va creciendo, especialmente si es una zona ventosa.

Los riegos resultan indispensables cuando no se producen lluvias oportunas.

La cosecha se hace tocando la mazorca: si se sienten los granos, esta lista.

Información nutricional

Es un alimento muy completo, que con poco esfuerzo digestivo proporciona gran cantidad de elementos nutritivos, hidratos de carbono, vitamina A, vitaminas del complejo B y algo de vitamina E. Si es fresco además aporta fibras y agua.

Cazuela de humita

Ingredientes
50 gr. de aceite
5 tazas de choclo desgranado
1 cebolla
1 ½ ají morrón
100 gr. de carne magra cortada en cubitos chicos

2 tomates grandes
½ kg. de zapallo cortado en trozos
3 ½ taza de leche
1 cda. de pimentón dulce
1 cdita. de azúcar
sal y pimienta

Preparación

Calentar el aceite, freír la cebolla picada y el ají. Cuando empiecen a dorarse agregar la carne, el zapallo y los tomates, tapar la cazuela y dejar cocinar lentamente 10 minutos. Pasado este tiempo, añadir el choclo, condimentar con azúcar, sal, pimienta y pimentón y agregar la leche. Cocinar 20 minutos más hasta que espese. Servir bien caliente.

COLIFLOR

La planta en sus primeras etapas es similar al brócoli. Progresa muy bien en climas templados, algo húmedos, en tierra profunda y fértil, dando buenos resultados en todos lados, siempre que no falte abono. Se puede sembrar en almácigos o directamente en el lugar. Se transplanta cuando la planta tiene cinco hojas. Se deja 60 cm entre hileras y 40 cm entre plantas para permitirle un buen desarrollo.

El acolchado contribuye a que la planta conserve el grado de humedad adecuado.

Se quiebran algunas hojas de las capas más externas y cubra con ellas la flor para resguardarla de las heladas y el sol directo.

Información nutricional

Nutrientes que aporta: es rica en potasio, hierro y vitamina C (siempre y cuando se consuma cruda) y vitamina K (esta también se encuentra en todas las hortalizas de color verde intenso). Se puede comer cocida, en sopas, purés o ensaladas, suofflés y budines, o ligeramente braseada y salteada. Es importante su consumo debido a que es una gran fuente de fitoquímicos valorados por sus propiedades anticancerigenas, principalmente el de mama, estómago y colon.

Tiempo de cocción

Al vapor	10 a 20 minutos
Hervidas	8 a 20 minutos.
Al horno	60 minutos
Olla a presión	3 a 10 minutos

Croquetas de coliflor

Ingredientes
1 coliflor
1 cda de manteca
1 taza de leche
1 cdita de ajo picado
sal a gusto
1 cda de harina
1 cdita de nuez moscada
1 cdita de orégano

Preparación

Cocinar la coliflor en agua y sal. Escurrir muy bien y cortar en rodajas muy finas. Por separado se fríe la cebolla y la harina en manteca hasta que quede dorada; agregar la leche, sal, nuez moscada, el ajo y el orégano. Mezclar con la coliflor. Una vez fría la mezcla, se forman croquetas que se pasan por pan rallado y huevo batido. Se pueden freír o cocinar en el horno sobre una placa apenas aceitada.

ENDIBIA

Cuidados generales

Se trata de una variedad de achicoria de raíz gruesa o achicoria de café. La variedad blanca es la más común pero también se puede cultivar la morada también conocida como radicchio.

Crece bien en suelos profundos, mullidos y ricos en humus. No funciona bien en suelos en los que se le ha incorporado recientemente abono.

Se puede sembrar en almácigos durante el invierno o bien en el terreno definitivo en primavera o verano.

El secreto de que las hojas de la endibia sean blancas es forzar el cultivo de esta manera también se atenuará el sabor amargo de esta. Para esto se deben arrancar las plantas cuando las raíces tengan 2,5 cm de diámetro, se cortan las hojas a 2 cm por encima del cuello de la raíz principal. A continuación se insertan las plantas verticalmente en una zanja preparada y regada, recubriendo el cuello con unos cm de tierra y, por último se tapa con paja. Otra forma de forzar el cultivo es colocando de 3 a 6 plantas en una maceta de 23 cm, se tapan con otra maceta invertida y se guardan por ejemplo en un armario aireado. En tres semanas estarán listas. ¡Por favor no se olvide donde las dejó, no vaya a ser que se mueran de sed!

Información nutricional

Nos aporta pocas calorías por lo que es ideal para personas que ganan peso fácilmente. También nos aporta potasio, betacarotenos y algo de vitamina C. Pero lo más importante que posee es la inulina que es un tipo de fibra muy activa, que mejora el tránsito intestinal, da mucha saciedad y ayuda a eliminar lípidos de la sangre.

Tarta de queso blanco y endibias

Ingredientes
Para la masa
    2 tazas de harina
    1 taza de queso rallado
    100 g de manteca

2 yemas
pimienta negra

Para el relleno
  2 endibias
  2 yemas
  2 pocillos de aceite de oliva
  3 cditas de salsa inglesa
  1 cda de cebolla rallada
  400 g de queso blanco
  ciboulette
  sal y pimienta

Preparación
Masa: mezcle la harina con el queso rallado, agregue la manteca en trocitos, e intégrela con el tenedor hasta obtener un granulado muy fino, incorpórele las yemas y forme un bollo. Cubra un molde enharinado y enmantecado con la masa y lleve a horno moderado hasta que se dore.
Relleno: ponga las yemas en un bol y comience a batirlas incorpore el aceite a las yemas mientras las va batiendo hasta formar una mayonesa (se puede usar mayonesa comprada en lugar de esta casera).
Agregue la salsa inglesa y la mostaza. En un bol mezcle la cebolla rallada con el queso blanco, incorpore la mayonesa preparada.
Deshoje las endibias, lávelas y séquelas. Reserve la mitad para cubrir la tarta y corte el resto en juliana. Mezcle la juliana de endibias con la preparación anterior. Rellene la tarta lista y fría. Decore con las hojas de endibias reservadas y el ciboulette picado.
Nota: es ideal para preparar tartas individuales.

ESPÁRRAGOS

Asociación favorable: tomate y perejil

Oriundos de los países mediterráneos, fueron para los antiguos romanos un codiciado manjar y aunque los banquetes renacentistas les dieron un lugar de privilegio, la escasez de su producción los mantuvo como artículo de lujo hasta finales del siglo XVIII. Aún hoy se los puede encontrar en cualquier verdulería, ellos siguen conservando su tradición esquiva, y solo se dejan ver un par de meses cuando llega el verano.

Se comercializan en el mercado tres variedades: los blancos, carnosos y de poco sabor; los violetas, y los verdes considerados un producto de lujo y los más sabrosos de todos. Existen además los espárragos salvajes, de color verde, finos y ligeramente amargos.

Cuidados generales

Para obtener la primer cosecha de espárragos hay que esperar 2 ó 3 años luego de la siembra. Van a ocupar el mismo espacio en la huerta por 10 ó 15 años que es el tiempo normal en que se puede cosechar, aunque puede llegar a dar brotes por 30 años. Por lo tanto si tiene pensado mudarse próximamente, no llegará probarlos.

Cualquier clima es favorable para la producción de espárragos. Crece en todos los terrenos no conviniendo los muy húmedos. Prefiere los terrenos calcáreos sueltos y permeables. Limpie el terreno de todas las malas hierbas perennes antes de plantar, ya que luego resulta más difícil deshacerse de ellas.

Siembre en el exterior a finales de la primavera, dejando una separación de 8 cm entre mata y mata, y trasplante al año siguiente las mejores arañas (así se llaman a las raíces), dejando esta vez una distancia de 60 cm entre ellas. Otra opción es conseguir las arañas y plantarlas directamente a 10 cm de profundidad tratando de que las raíces dispongan de suficiente espacio. Los riegos serán moderados cuando las plantas ya hayan nacido. Se ralea, eliminando las más débiles y manteniendo el cantero bien limpio y removida la superficie de la tierra. Acolche con paja. En la primavera del siguiente año no se debe cosechar aún, para que la planta desarrolle más raíz. Sólo sáquele 1 ó 2 brotes a cada planta para poder probarlos. Al siguiente año se puede cosechar, pero siempre déjele ala planta por lo menos el 30 % de brotes para que pueda desarrollar su ciclo, haciendo hojas. El brote luego se convierte en la rama, esta es parecida a un helecho da unos frutos colorados muy decorativos. En invierno la planta se seca y por un par de meses tendremos el tablón sin nada a la vista salvo el acolchado. Si se aporcan algunos espárragos verdes, obtendrá los espárragos de color blanco.

Información nutricional
Los espárragos aportan pocas calorías, hidratos de carbono, fibras y mínimas cantidades de proteínas. Entre los minerales que contiene se destaca el potasio. Poseen una alta concentración de sodio cuando son enlatados.

Usos en la cocina
Cualquiera sea el método de cocción elegido tiene que ser rápido. Si los espárragos se cocinan demasiado, pierden su color y sabor. Para que los brotes conserven su firmeza es recomendable cocinarlos parados, de modo que las puntas no toquen el agua hirviendo. No es necesario mencionar que la forma ideal de cocción es al vapor. En el agua de cocción de los espárragos, y de cualquier verdura, se liberan el 90 % de las sales minerales que contienen, por eso es recomendable utilizar ese caldo como base de salsas, sopas y cremas ya que éste resulta sumamente nutritivo.
Una cantidad razonable de espárragos para 4 personas puede oscilar entre 1 k y un kilo y medio. Antes de colocarlos en agua hirviendo o al vapor se les deberá raspar el tallo final ligeramente.

Tiempo de cocción
Al vapor	9 a 12 minutos
Hervidas	10 a 15 minutos.
Al horno	es un tipo de cocción no aconsejable para esta hortaliza
Olla a presión	no es aconsejable

Espárragos en salsa de brócoli a la crema

Ingredientes
2 paquetes de espárragos
1 pocillo de queso rallado
1 cebolla picada
25 gr. de manteca
1 paquete de brócoli

1 pote de crema de leche
sal y pimienta

Preparación
Cocine los espárragos unos minutos en agua con sal o bien al vapor, escúrralos y páselos por el queso rallado. Caliente la manteca en una sartén y rehogue la cebolla. Hierva el brócoli rápidamente y procéselos, junto con la cebolla, la sal, la pimienta y la crema de leche. Cubra una fuente con esta salsa y acomode encima los espárragos. Sirva bien caliente.
En una opción menos calórica, se reemplaza la manteca por rocío vegetal y la crema de leche por crema light o salsa blanca.

ESPINACA

Son conocidas por su valor nutricional, el alto contenido de hierro que poseen y su contribución a una buena digestión, pero pocos saben que esta verdura es originaria de Persia y que los árabes la introdujeron a España antes del año 1000.

Cuidados generales

Su siembra va desde marzo hasta julio y desde los 40 días hasta 60 días de sembrada ya se puede cosechar.
Sembrar en forma escalonada para tener siempre una provisión. Germina a los 4 ó 6 días. Cuando las plantitas tienen 2 hojas se deben ralear para que no queden amontonadas.
La recolección puede hacerse por partes, sacando con la mano las hojas externas, cuando estas han alcanzado una longitud de 8 a 10 cm, se arrancan pellizcando con las uñas o bien con una tijera evitando dañar el resto de la planta. Después de cada cosecha es conveniente regar para favorecer la emisión de brotes.
Para reconocer la frescura del plato favorito de Popeye, las hojas de color verde oscuro deben estar enteras y sin manchas. Se le deben retira los tallos, lavarlas y escurrirlas muy bien.

Información nutricional

Si bien su aporte de hierro no es tan importante como se cree, el valor de la espinaca deriva de otros nutrientes como los betacarotenos y fibras, ácido fólico (al igual que en todos los vegetales de hoja verde oscuro), calcio y magnesio.
Contiene ácido oxálico que limita la absorción del hierro y del calcio en el organismo. Por eso, para neutralizar su acción, se la puede combinar con otros alimentos ricos en vitamina C: naranja, limón, tomates, frutillas o kiwis, entre otros.

Tiempo de cocción

Al vapor	5 a 10 minutos
Hervidas	5 a 15 minutos.
Al horno	es un tipo de cocción poco habitual o inconveniene para esta hortaliza
Olla a presión	pasa lo mismo que al horno.

Gnocchi de espinaca

Ingredientes
1 atado de espinacas cocidas al vapor y picadas
100 g de ricotta
4 cdas de queso rallado
1 huevo
sal, pimienta y nuez moscada

Preparación
Mezclar la espinaca cocida con la ricotta, la sal, la pimienta y la nuez moscada. Batir ligeramente el huevo e incorporarlo de a poco hasta que la mezcla quede bien homogénea.

Tomar una porción con una cucharadita tamaño té y con las manos enharinadas, darle forma oval (de gnocchi).

Sumergirlos en agua hirviendo a medida que se realizan; tratar de que no superen los 8 ó 10 por vez. Dejarlos que suban a la superficie y que hiervan durante 1 minuto.

Retirarlos con la espumadera y colocarlos en una fuente para horno aceitada. Espolvorear con el queso rallado y gratinar en la parrilla del horno.

HABAS

Las habas favorecen en general a toda planta asociada; se recomienda plantarlas 1 ó 2 años antes de plantar zanahorias.

Cuidados generales

Las habas son originarias de Asia, alcanzan más de un metro de altura. Es una planta anual, muy rústica y se puede cultivar en todas las huertas.

Propia de climas templados y terrenos de consistencia media y profundos. No prospera en terrenos arenosos.

Se siembra de abril a julio, directamente sobre el terreno.

A fin de facilitar la formación de frutos más desarrollados es conveniente despuntar las extremidades, cuando la planta se encuentra en floración. Es necesario tutorar la planta para que esta no se caiga con el peso de los frutos.

Se puede cosechar cuando aún esta verde y los granos adquieran cierta consistencia o cosechar en seco, cuando la vaina se endurezca un poco (de agosto a octubre), las vainas cosechadas de esta forma dan legumbres de larga conservación.

Información nutricional

Las habas tiernas son un alimento sano y de digestión rápida.

Las habas secas, si bien han perdido su vitamina C, son ricas en hidratos de carbono, proteínas de origen vegetal, hierro y calcio, por lo que resultan muy nutritivas, pero tienen el inconveniente de que pueden dar lugar a flatulencias. Para evitar esto, se recomienda cocinar las habas junto con una hierba aromática llamada ajedrea. Las habas secas no son recomendables para personas que tiene el ácido úrico alto debido a su alto contenido de purinas.

Guiso de habas

Ingredientes
>   1 kg de habas
>   5 papas peladas y cortadas en dados
>   1 ají picado

½ cda. de ají molido
1 cda. de perejil picado
1 litro de caldo
1 cda. de manteca
2 cdas. de aceite
1 cebolla picada
3 tomates picados
250 gr. de arroz
sal y pimienta

Preparación
Pelar y lavar las habas. Poner en una cacerola y el aceite. Freír la cebolla y el ají; una vez dorados agregar los tomates, dejar rehogar e incorporar el ají molido, el perejil, el caldo, las habas y las papas. Dejar cocinar 10 minutos.
Lavar bien el arroz y agregar a la primera preparación. Salpimentar. Continuar la cocción lentamente durante 20 minutos. Retirar del fuego. Servir en una fuente y llevar a la mesa.

HINOJO

Planta originaria de la región mediterránea, cultivada desde la antiguedad tanto para el uso de las semillas como de sus partes verdes por sus propiedades aromatizantes. El hinojo es una planta muy aromática y perenne, que alcanza 1,20 m de altura. Tiene un tallo erguido de color verde intenso, engrosado a nivel de los nudos en una serie de anillos. Su abundante ramificación termina en hojas plumosas. Crece de manera espontánea muy comúnmente en los bordes de los sembradíos y en las cunetas. Las flores poco aparentes son de color amarillo.

Cuidados generales

El hinojo da buenos resultados en climas templados y cálidos, prefiriendo tierras sueltas, algo arenosas, ricas y no muy húmedas. Se siembra desde julio hasta mediados de septiembre. Se multiplica por semilla y división de mata. Se debe sembrar dejando 30 cm entre plantas
Rechaza a la mayoría de las plantas.
Los cuidados que se le proporcionan son carpidas y aporques para que se blanqueen los tallos.
Si una helada le quema las hojas, trate de consumir los bulbos rápidamente, aunque los puede dejar en tierra (si no necesita el lugar), y rebrotan.

Información nutricional

El cogollo del hinojo es una hortaliza (bulbo) muy apreciada por su valor aromático y su consistencia carnosa. Se come tanto cocido como crudo; es jugoso y de sabor anisado, por lo que da un toque de frescura a las ensaladas.
Es rica en vitamina C, zinc y potasio
Tiene propiedades digestivas, reduce la hinchazón y evita los cólicos y las flatulencias

Hinojos con salsa blanca

Preparación

Limpiar las cabezas de los hinojos y cortarlos en 6 u 8 gajos. Cocinarlos en agua y sal, o al vapor, hasta que estén tiernos. Escurrirlos y disponerlos en una fuente para horno enmantecada. Verter sobre ellos salsa blanca y espolvorear con queso rallado. Llevar a horno caliente y gratinar

LECHUGA

Asociación beneficiosa: zanahoria, rabanito, frutillas, zapallo, cebolla y apio .
Asociación no favorable: girasol

La lechuga es conocida desde la más remota antigüedad, siendo ya mencionada en las Sagradas Escrituras. Al emperador Augusto lo "curó" de una grave afección hepática su médico Antonius Musa, gracias al empleo juicioso de la lechuga que le prescribió.

Cuidados generales

La lechuga se siembra en verano en un lugar donde reciba algo de sombra. Durante el resto del año es preferible un lugar abierto y soleado. Las semillas se siembran por la tarde en verano, porque con el calor entran en reposo. A lo largo del día se cubre el terreno con hojas de diario para mantenerlo húmedo.

Las semillas de lechuga se siembran en forma superficial directamente en su lugar definitivo, en hileras no demasiado compactas. No vale la pena hacer almácigos. Lo recomendado es sembrar poca cantidad, pero en siembras escalonadas y de distintas variedades, para no tener que cosecharlas todas juntas y cansarse demasiado rápido de comer lechuga.

Es ideal para cultivar en macetas porque sus raíces no son muy profundas.

La tierra se debe mantener húmeda, pero no inundada. Cuando se termina de cosechar las lechugas se renueva la tierra, aportando compost, producto de la abonera, y se siembran rabanitos en el mismo lugar. Después de cosechar los rabanitos se puede volver a plantar lechuga.

Hay que protegerlas de las babosas y de los pulgones.

Información nutricional

Esencialmente aporta potasio, vitamina K y vitamina A. Tiene escaso contenido calórico y buena dosis de calcio y de fósforo. Es una excelente fuente de fibra.

Usos en la cocina

Se consume fresca, las hojas enteras o cortadas para ensaladas. En sus distintas variedades –crespa, morada, arrepollada, manteca, escarola, francesa, etc. Hay que constatar que las hojas sean firmes y no tengan manchas.

La lechuga se corta en el momento que se va a consumir, así se evita que se oxiden los bordes del corte.

Ensalada de la huerta

Ingredientes
1 planta de lechuga
1 paquete de rúcula
2 dientes de ajo picado
1 puñado de tomates cherry
100 g de brotes de soja
½ cebolla cortada
4 cucharadas de aceite de oliva
2 cucharadas de vinagre balsámico
1 cucharada de tomillo picado
4 cucharadas de jugo de limón
sal y pimienta a gusto

Preparación
Lavar las hojas de rúcula y las hojas de lechuga con abundante agua fría, escurrirlas y cortarlas con las manos en trozos grandes. Lavar y escurrir muy bien los brotes de soja. Mezclar la sal, la pimienta, el jugo de limón y el vinagre balsámico en un recipiente para ensalada. Revolver enérgicamente con un tenedor hasta disolver la sal. Luego agregarle el aceite de oliva. Añadir a la mezcla las hojas de rúcula, la lechuga, la cebolla, el ajo picado, los brotes de soja y los tomatitos cherry. Espolvorear con tomillo fresco picado.

Asociación favorable: lentejas, maíz, la familia de las coles (coliflor, repollo, etc.) y berenjena

El cultivo de la papa se origina en el Perú. Los conquistadores la introdujeron en España y luego se difundió rápidamente por Europa. Hoy se la cultiva en más de 150 países.

La siembra se realiza a fines de agosto y septiembre.

Tipos de papa:

Nueva: de cáscara delgada, contiene mucha humedad y azucares, el proceso de cocción es rápido y el sabor dulzón.

Madura: de cáscara más gruesa, presenta brotes que son tóxicos y deben quitarse cuidadosamente, al igual que las partes verdes.

Blanca: cuando es nueva, contiene menos almidón que al madurar. Conserva más nutrientes y fibras si se cocina con piel.

Su color varía de acuerdo al tipo y la región de cultivo. Existen variedades de color rojo, amarillo, violáceo y papines muy pequeñas llamadas andinas.

En condiciones optimas, las papas maduras se mantienen uno o dos meses. No deben lavarse antes de guardarlas porque se deterioran con mayor rapidez; ni deben almacenarse con las cebollas porque los gases que estas liberan aceleran la descomposición de las papas.

Información nutricional

Las papas son ricas en hidratos de carbono que aportan energía, también tienen vitamina C (la cual se pierde al cocinarlas), magnesio, potasio y también tienen hierro pero éste se encuentra pegado a la cáscara, de modo que si se pela la papa este hierro va a parar a la basura y en el mejor de los caso a la pila de abono, por lo tanto es aconsejable cocinar las papas con cáscara.

Existen alrededor de 365 formas distintas de preparar papas, una distinta para cada día del año, si le parecen muchas, póngase a pensar unos minutos y descubrirá que conoce como mínimo 20, imagínese todas las formas que le quedan por degustar.

Papas asadas

Ingredientes
4 papas medianas
4 cdas de queso blanco
1 ají morron
2 cebollas de verdeo
perejil
sal y pimienta

Preparación
Lavar las papas, secarlas y envolverlas en papel aluminio. Cocinar en horno fuerte durante 60 min. Retirarles el papel; cortarles la tapa en forma transversal. Vaciarlas un poco y con lo extraído preparar un puré.

Lavar, cortar, retirar las semillas y las partes blancas del ají; picarlo finamente. Lavar y picar las cebollas, rehogarlas en un sartén. Lavar y picar el perejil. Mezclar las verduras y el queso blanco con el puré y rellenar las papas. Salpimentar.

Gratinar durante 5 minutos en horno fuerte y servir.

PEPINO

Asociación beneficiosa: leguminosas, maíz y rabanito, que repele las moscas

Los médicos griegos y latinos afirmaban que el jugo de pepino aumentaba la inteligencia y calmaba los "ardores de la carne". Aristóteles tenía a este alimento como anafrodisíaco y lo recomendaba a las mujeres de "excesivo temperamento". El pepino es muy utilizado en Andalucía para preparar los populares gazpachos.

Cuidados generales

El momento ideal de siembra es en septiembre y octubre. Se siembran las semillas una por una a un centímetro de profundidad, y dejando 20 centímetros entre plantas.

Si se dispone de poco lugar se puede cultivar en forma vertical, como a una planta trepadora, guiando el tallo sobre un tutor al igual que las plantas de tomate. La tierra se abona cada dos semanas. El extremo del tallo principal se despunta cuando llegue a superar 1,6 metros de altura.

No la gustan las heladas ni el exceso de agua y, ante una gran sequía, necesitan agua para no ponerse amargos.

Los pepinos se recolectan verdes, pues cuando son muy grandes la cáscara se endurece.

No hay que dejar ningún pepino en la planta al realizar la recolección, porque quizás la planta no dé más frutos si alguno se vuelve amarillo.

Información nutricional

Los pepinos aportan agua, vitamina C, vitamina B1 y B2, potasio y magnesio.

> Si el pepino está demasiado maduro, lo recomendable es pelarlo, ya que sino la cáscara resultará difícil de digerir.

Pepinillos en vinagre

Ingredientes
10 a 12 pepinos chicos
125 g de sal gruesa
1 ramita de estragón
1 cucharada de pimienta negra
1 litro de vinagre blanco

Preparación
Lavar bien los pepinos, colocarlos sobre una asadera enlozada. Espolvorearlos con sal gruesa y dejarlos así toda una noche. Al día siguiente, secarlos con un repasador y colocarlos sobre otro repasador limpio, sin encimarlos. Dejarlos secar alrededor de medio día. Luego acomodarlos en frascos previamente esterilizados (véase Conservación de los alimentos). Colocar en el frasco una ramita de estragón, eneldo o la hierba que guste, y unos granos de pimienta negra. Hervir un litro de vinagre blanco o de manzana, que es menos ácido, y cubrir los pepinos. Dejar enfriar, tapar y guardar en un lugar seco y fresco. Se conserva hasta un año.

PEREJIL

Asociación favorable: tomate y espárrago

Es una hierba muy difundida. Es originaria de la isla de Cerdeña. A pesar de su modesta apariencia y de su valor económico casi nulo, constituye un alimento excepcional. Aporta a nuestro organismo, en un pequeño volumen los principios raros y preciosos que posiblemente falten en la alimentación.

Es particularmente notable su riqueza en betacaroteno, a la que ni siquiera se le aproxima ningún otro vegetal. También se debe destacar su abundancia en vitamina C, proporcionando, además, vitaminas B1, B2, E y K.

Asimismo, su contenido de hierro y calcio es también importante.

PUERROS

Asociación favorable: cebolla, apio y zanahoria

Hace 5000 años, Keops, el faraón que hizo construir las pirámides, pagó los servicios de un mago con 100 brotes de puerro. Moisés también recuerda la sopa de puerros que comía en Egipto. Más tarde, los puerros pasaron a Roma, donde también se les tenía una gran estima, atribuyéndoles la propiedad de dar y mantener sonoridad a la voz. También Hipócrates recomendaba los puerros para hacer cesar la esterilidad, para curar las hemorragias nasales y la tuberculosis.

Cuidados generales

Es una planta bianual. La siembra se hace en almácigos todo el año, pero es preferible realizarla de agosto a diciembre. Para obtener puerros gruesos se aconseja trasplantar el plantin mas profundo que lo normal, dejando un "hueco" a fin de que se forme una especie de cabeza y facilitar mayor desarrollo del resto.
El puerro es una planta ávida de agua, por lo que se recomienda regar frecuentemente.

Información nutricional

Los puerros son una hortaliza poco calórica, son ricos en vitaminas C y del complejo B. También aportan magnesio (necesario para el sistema nervioso), hierro (para los glóbulos rojos de la sangre), manganeso y potasio. Por supuesto también tienen una buena cantidad de fibra dietética.

Tiempo de cocción

Al vapor	15 a 20 minutos
Hervidas	10 a 15 minutos.
Al horno	es un tipo de cocción poco habitual o inconveniente para esta hortaliza
Olla a presión	2 a 3 minutos

Budín de puerros

Ingredientes
16 puerros
1 taza de caldo
4 huevos
sal, pimienta y nuez moscada
4 cdas de queso rallado
1 pocillo de leche

Preparación
Cortar los puerros (parte verde y parte blanca) en rodajas. Ponerlos a cocinar en caldo hasta que estén blandos. Si fuera necesario, agregar más caldo. Batir los huevos con sal, pimienta y nuez moscada, el queso rallado y el pocillo de leche. Mezclar todo y volcar en una budinera enmantecada y espolvoreada con pan rallado (que no supere la ¾ partes del molde). Cocinar al horno durante 25 minutos. Desmoldar y servir caliente.

RÁBANOS y RABANITOS

Asociación beneficiosa: lechuga, capuchina, pepino

Hay infinidad de variedades de diferentes formas y sabores, lo cual permite cosecharlos todo el año. Conviene tener cuidado porque algunos son muy picantes.

Cuidados generales
Se siembran durante gran parte del año. Crecen rápidamente, y producen bien si tienen agua y sol. Se pueden cosechar a los 30 días de sembrados. No se debe dejar secar la planta de rabanitos para que no se vuelvan fibrosos y secos.

Para obtener rábanos que no sean muy picantes se plantan junto con la lechuga, en tierra rica y ligera, y se riegan regularmente.

Las raíces crecen mejor si la planta está en un lugar bien iluminado, aunque en verano prefieren algo de sombra.

Conviene estar alerta ante cualquier síntoma de presencia de babosas y de escarabajos.

Los rabanitos se siembran cada 2 ó 3 semanas, en el exterior, a un centímetro de profundidad, en hileras cortas separadas 15 centímetros entre sí. Después que germinan las semillas se aclaran las plantitas y se deja 5 centímetros de distancia entre ellas.

Información nutricional
Los rábanos, que pertenecen a la familia de las crucíferas, junto con los repollos, la coliflor y el brócoli, aportan agua, potasio y vitaminas del complejo B.

Ensalada de rabanitos con eneldo

Ingredientes
1 paquete de rabanitos
2 cebollas de verdeo
1 yogur natural
1 cucharada de eneldo picado
1 planta de lechuga
sal y pimienta

Preparación

Cortar los rabanitos en láminas y picar las cebollas de verdeo. Mezclar el yogur con la sal, la pimienta y el eneldo. Acomodar las hojas de lechuga en la ensaladera y colocar por encima los rabanitos y las cebollas. Verter el yogur y reservar en la heladera hasta el momento de servir.

RADICHETA

Resiste bien a las bajas temperaturas. Se siembra directamente en el lugar en canteros.

A diferencia de las demás hortalizas, ésta se siembra bien tupida para que la hoja se desarrolle erguida.

Se cosecha cortando a cuchillo, dejando 1 ó 2 cm de tallo, así las plantitas puedan rebrotar y se puedan hacer varios cortes.

Es aconsejable hacer una siembra chica ya que la cosecha es prolongada y puede llegar a aburrirse de comer radicheta.

Ensalada radira

Ingredientes
2 atados de radicheta tierna
1 atado de rabanitos chicos
3 anchoas saladas
aceite y vinagre

Preparación
Elegir muy bien las hojas de radicheta. Si el tamaño lo permite dejarlas enteras. Agregar los rabanitos cortados en rodajas finas. Para condimentar, pisar las anchoas, agregar el aceite necesario, luego el vinagre hasta conseguir un aderezo cremoso y volcarlo sobre los vegetales.

REMOLACHAS

Asociación favorable: cebolla, coles y rábanos

Los romanos cultivaban ya la remolacha, cuyas hojas utilizaban como verdura. También era conocida por los médicos de la antigua Grecia, que la utilizaban como antitérmico. En Europa se cultiva una variedad de la que se extrae azúcar, lo que trajo aparejado el mito de que los diabéticos no deben consumir remolacha, la que no deben consumir es la remolacha azucarera que se cultiva en Europa, con la nuestra de la quinta no habría problemas.

Cuidados generales
Es una planta bianual, que florece durante el segundo año.
Se siembra en mayo, abril y durante la primavera. Antes de sembrar es aconsejable dejar las semillas durante tres horas en agua para apurar la germinación.
Necesita tierra suelta y bien trabajada, pero no le gusta la materia orgánica fresca porque deforma el bulbo
Hay que cuidar que no les falte agua.
No siembre muy tupido, las plantas necesitan de 15 a 20 cm entre ellas para que el bulbo se desarrolle correctamente. En caso de que las plantas crezcan demasiado juntas no se olvide de ralear.
La cosecha se realiza tirando y rotando la planta, si la tierra está suelta. En caso contrario, con una horquilla o pala. Hay que tener cuidado de no lastimar el bulbo.

Información nutricional
Aporta hidratos de carbono, ácido fólico y hemicelulosa que es una fibra de fácil digestión.

Usos en la cocina
No deseche las hojas de remolacha, éstas son muy sabrosas y se les puede dar el mismo uso que se le da a la acelga.
Las remolachas se cocinan enteras y sin pelar, dejando un par de centímetros de tallo para evitar que los nutrientes se diluyan en el agua.

Tiempo de cocción

Al vapor	35 a 40 minutos
Hervidas	40 a 45 minutos.
Olla a presión	15 a 20 minutos

Borsch (sopa de remolachas)

Ingredientes
1 taza de cebolla picada gruesa
2 tazas de remolachas crudas, peladas y cortadas en cubitos
½ taza de zanahoria cortada
½ taza de blanco de apio picado
1 taza de tomates perita pelados y cortados en cubitos
caldo de verduras cantidad necesaria
2 hojas de laurel
sal y pimienta a gusto
200 g de crema de leche

Preparación
Ponga la remolacha cortada, la cebolla, el apio y la zanahoria en una cacerola. Agregue el tomate, el laurel y cubra todo con el caldo de verduras. Deje hervir hasta que las verduras estén recocidas y el liquido las sobrenade. Apague el fuego y deje entibiar. Retire las hojas de laurel y deséchelas. Licúe las verduras con todo su liquido hasta obtener una crema color rubí. Vuelva a colocar la sopa en una cacerola condimente con sal y pimienta y caliéntela. Mientras tanto bata la crema de leche sin llegar a chantillí (sí la quiere hacer más liviana cambie la crema de leche por un copo de queso blanco descremado).
Sirva la sopa en cazuelas con un copo de crema encima.

ASTUCIAS SALVADORAS

Si no encontró guantes de goma en el momento de pelar las remolachas y sus manos quedaron de un subido color rubí, puede blanquearlos con una formula casera. Mezcle partes iguales de azúcar, aceite y jugo de limón, formando una pasta, frótese con ésta las manos y los dedos. Enjuáguese con agua tibia y luego fría. De este modo volverá a tener manos de un color más humano.

REPOLLO

El repollo que hoy se conoce es notablemente diferente del que se consumía hace miles de años. En ese entonces era una planta salvaje que ya los celtas consumían en plena Edad de Hierro. Más tarde, en Alemania, el cultivo se sistematizo y , al cabo de unos años, la especie había logrado mejorarse. Fueron los romanos quienes lo llevaron a Gran Bretaña y, entre los anglosajones, su popularidad se extendió rápidamente.

Existen muchas variedades de repollo como son el blanco, colorado, crespo, akusay, repollito de Bruselas y el verde.

Cuidados generales

Se siembran en diferentes épocas según la variedad de que se trate. Se puede sembrar en almácigos, se trasplanta cuando la planta tiene 15 ó 20 cm de altura dejando 50 cm entre plantas y 70 cm entre hileras. Necesitan tierra bien drenada. No resisten el exceso de calor o temperaturas inferiores a los 8 °C. No es conveniente repetir la siembra en el mismo lugar sin dejar pasar 4 años, pues es un cultivo muy exigente.

Se debe mantener el suelo húmedo y prestar atención a las plagas tales como la oruga de la mariposa del repollo y a la mosca del repollo.

Los repollos blancos al igual que el akusay es aconsejable aporcarlos atando las hojas exteriores para blanquear el cogollo unos 15 ó 20 días antes de la cosecha.

Se recolectan los repollos a medida que se necesitan dejando una porción de tallo suficiente para que vuelva brotar, si a este le hace un tajo en cruz de 1,5 cm de profundidad obtendrá de 2 a 4 nuevos retoños por planta.

Los repollitos de Bruselas necesitan un tutor ya que los cogollos salen del tallo y precisan de un sostén.

Información nutricional

Son muy ricos en vitamina C al igual que otras crucíferas, aportan fibras, potasio, fósforo, calcio, magnesio, vitamina A y compuestos de nitrógeno (fitoquímicos) que ayudan a disminuir las posibilidades de contraer cáncer al igual que las otras crucíferas.

Usos en la cocina

Lo ideal es comer los repollos crudos en ensaladas. Se pueden combinar con otros vegetales o con repollos de distintos colores, en el caso que deban cocinarse, se debe hacer con poco agua y en recipiente tapado, que forme mucho vapor, hasta que al pincharlos estén blandos. El akusay y el repollo verde son muy ricos rehogados.

Tiempo de cocción

Al vapor	9 a 12 minutos
Hervidas	6 a 10 minutos.
Al horno	es un tipo de cocción poco habitual o inconveniente para esta hortaliza
Olla a presión	60 a 90 segundos

Niños envueltos de repollo

Ingredientes
300 g de carne picada
60 g de queso rallado
12 hojas de repollo
1 zanahoria
1 cebolla
1 tallo de apio
perejil
1 huevo
4 tomates peritas
sal y pimienta

Preparación

Poner en un bol la carne picada, el queso rallado, el perejil picado y el huevo. Condimentar con sal y pimienta y revolver bien. Lavar bien las hojas de repollo y darles un ligero hervor; escurrir, colocar sobre la mesa, poner sobre cada una un poco del relleno preparado, arrollar y fijar con un mondadientes.

Picar la cebolla junto con el apio y la zanahoria. Poner al fuego una cacerola grande con aceite. Rehogar el picadillo de verduras y luego añadir los tomates pelados y picados, sal y pimienta. Dejar cocer unos 10 minutos. A continuación colocar los niños envueltos en la cacerola y cocinar unos 20 minutos a fuego lento.

TOMATES

Asociación favorable: cebolla, cebollin, perejil, espárrago, capuchina, zanahoria y albahaca

Asociación desfavorable: pepino, hinojo y chauchas

Cuidados generales

Conviene realizar la siembra desde fines de septiembre hasta fines de noviembre en almácigos, transplantando luego las plantitas cuando lleguen a medir 15 cm de alto. Al trasplantar, se entierran hasta las dos hojas inferiores, junto con una estaca o caña de 1,5 m de altura para ayudarla a trepar. Dejar 90 cm entre hileras y 80 cm entre plantas.

Es una planta anual; existen 4 variedades fundamentales, que se distinguen por su forma y tamaño: tomate cherry, tomate perita, tomate mediano y tomate manzana. El tomate larga vida no lo consideramos una variedad para cultivar en una huerta familiar.

Elija una variedad pequeña para cultivar en maceta, arrímela a una pared o colóquele un tutor

El tomate requiere un suelo con mucho humus. Abone el suelo con regularidad. Necesita que el agua se vierta directamente en las raíces. Para facilitar el riego entierre una lata sin fondo cerca de la planta y échele agua para permitir que esta vaya directa a las raíces. No regar nunca las hojas.

La planta necesita mucho sol aunque debe mantenerse a una temperatura templada y protegido del viento o corrientes de aire

El desbrote de los tomates consiste en eliminar algunos de los brotes que crecen en las «axilas» de las plantas, vulgarmente llamados «chupones», para fortalecer los restantes. También es conveniente eliminar algunas de las hojas inferiores de la planta, para que el sol caliente más la tierra que las cubre.

La planta de tomate posee un tallo frágil por lo que es necesario colocarle un tutor para que el peso de los frutos no la venza.

Los frutos se cosechan desde el principio del verano hasta el inicio del otoño.

Los tomates maduros no se mantienen en buen estado demasiado tiempo; como máximo duran 10 días. Los verdes pueden almacenarse y continuar su maduración, aunque no reciban sol directamente. Siempre es conveniente envolverlos en papel.

Información nutricional

Los tomates son una fuente importante de vitamina A. Solo 25 gr. de tomate alcanzan para cubrir la necesidad diaria. Suministra vitamina C y complejo B además de potasio. Se debe señalar que las vitaminas B y C se deterioran cuando son expuestas al calor excesivo.

Tomates rellenos con berenjenas

Ingredientes
12 tomates medianos
4 berenjenas
1 cebolla
1 diente de ajo
3 cdas de aceite
1 pizca de azúcar
queso rallado
sal y orégano

Preparación
Cortar la tapita de los tomates y vaciarlos. Ponerlos en una fuente de horno aceitada. Rehogar la cebolla picada; cuando esté dorada se agregan las berenjenas cortadas en daditos pequeños, junto con la parte de adentro de los tomates y los demás ingredientes. Rellenar los tomates. Espolvorear con queso rallado. Gratinar en horno moderado.

ZANAHORIAS

Asociación beneficiosa: lechuga, cebolla y puerro
Asociación no favorable: hinojo y perejil

Cuidados generales

La superficie debe ser rica en materia orgánica y lo suficientemente esponjosa, floja y profunda para que la raíces se desarrollen con normalidad.

Si el terreno es arcilloso será necesario colocar arena y compost bien maduro para evitar la deformación de las raíces. Por el mismo motivo nunca se debe usar para el abono del suelo el estiércol fresco, ya que libera sustancias, como el amoníaco y la urea, que provocan anomalías en las raíces.

La zanahoria se cultiva por siembra directa, pues su raíz tan sensible no tolera el trasplante. Cada 10 metros lineales se distribuyen en forma pareja cinco gramos de semillas. Las hileras deben tener una separación de 30 centímetros entre sí, pues esa distancia permite pasar el escardillo cuando sea necesario aflojar la tierra o ralear sin provocar ningún daño a las raíces. Aunque se pueden sembrar zanahorias durante todo el año, es aconsejable hacerlo durante los meses de febrero y marzo para poder cosecharlas desde julio hasta agosto, antes de que las temperaturas aumenten y se produzca el alargamiento del tallo, induciendo así a la floración.

Las variedades que se cultivan mejor en nuestro país son la Criolla y la Chantenay. La variedad esférica, también llamada París, es ideal para cultivar en maceta.

Si las zanahorias se siembran en hileras alternadas con el puerro se ahuyentan mutuamente las moscas.

Como el desarrollo inicial de las plantas es lento hay que mantener limpio el cultivo hasta que crezcan lo suficiente y puedan dar sombra en el entresurco, lo cual impedirá que crezcan las malas hierbas. Es aconsejable colocar sobre el suelo una capa de pasto seco para prevenir el crecimiento de malezas; evitar que el terreno se compacte, tanto con el riego como con las lluvias; y también impedir que la humedad del suelo se evapore fácilmente.

El primer raleo se efectúa cuando las plantas alcanzan una altura de seis a ocho centímetros, para dejar más espacio entre ellas y permitirles que crezcan de manera óptima. Posteriormente habrá que hacer otro raleo, dejando de siete a ocho centímetros de distancia entre las plantas.

Es importante procurar que la humedad del suelo sea suficiente y constante.

Los ciclos de la cosecha varían entre tres y cinco meses, según la diversidad y la fecha de siembra. En una huerta familiar se van cosechando de acuerdo con las necesidades del momento, por eso es conveniente contar con cultivos escalonados para que siempre se pueda disponer de hortalizas frescas.

Si la planta está expuesta muchos días a temperaturas inferiores a los 10° C tendrá una floración prematura, lo cual hará que sus raíces sean finas, fibrosas, descoloridas e insípidas.

Información nutricional

Aporta fibras, beta-carotenos y potasio. Es ideal para mantener la piel y la vista saludables, prevenir el envejecimiento prematuro de las células, ayudar a prevenir infecciones, disminuir el colesterol y mejorar la función intestinal.

Tiempo de cocción

Al vapor	20 minutos
Hervidas	10 a 15 minutos.
Al horno	30 a 60 minutos
Olla a presión	3 a 15 minutos

Budín de zanahorias

Ingredientes
1 kg de zanahorias
1 cebolla
300 g de queso blanco
4 claras de huevo
1 huevo
caldo de verduras, cantidad necesaria
nuez moscada, tomillo, sal y pimienta

Preparación
Pelar las zanahorias, rallar dos y cortar el resto en trozos medianos, hervirlas en agua aromatizada con tomillo. Cuando estén tiernas, colarlas y hacer un puré. Rehogar la cebolla picada en una

sartén con caldo hasta que esté transparente y blanda. Colocar en un bol el queso blanco, la cebolla, la zanahoria cocida y la zanahoria rallada. Incorporar todo con una cuchara de madera. Agregarle el huevo y las claras. Condimentar a gusto. Colocar la preparación en un molde de budín inglés, previamente humedecido con aceite y forrado con papel manteca. Llevar la preparación a horno moderado, a baño María por espacio de 45 a 50 minutos. Dejar entibiar; desmoldar, y servir en una fuente decorada con tomate.

ZAPALLITOS

Asociación favorable: lechuga, maíz, tomate
Asociación desfavorable: papas

Los zapallitos fueron el alimento básico de los pueblos centroamericanos antes de la colonización.

Son unas de las hortalizas más rendidoras. Demandan cuidados mínimos y crecen rápidamente: la cosecha se realiza apenas 90 días después de la plantación.

Hay distintas variedades: redondo o de tronco, largo o zucchini y amarillo.

Cuidados generales

Para obtener semillas, corte un zapallito al medio, retire las semillas, deposítelas sobre un papel secante hasta que pierdan la humedad y guárdelas en un frasco con tapa a rosca.

Los zapallitos sufren las heladas. Por este motivo es aconsejable comenzar el cultivo a partir de agosto.

Conviene plantar los zapallitos en las márgenes de la huerta, para que las raíces no compitan con el resto de las plantas.

Tenga en cuenta que los zapallitos ocupan bastante espacio (desarrollan matas de, por lo menos, 1 metro de alto), 10 plantas de zapallitos alcanzan para abastecer a una familia tipo durante toda la temporada.

Las plantas crecen desde septiembre hasta bien entrado el otoño. Como se desarrollan en forma rastrera, durante esta época sus hojas impiden la formación de malezas.

Plantados entre otras especies, como maíz, tomate o poroto, mantienen el suelo fresco durante el verano. Consejos para el cultivo

● Puede podar la yema de la punta de las ramas para que la planta desarrolle menos tamaño. Así nacerán más flores femeninas y, por lo tanto, obtendrá mayor número de frutos. Para realizar esta operación es conveniente esperar que la planta tenga al menos nueve nudos.

● Ante la aparición de algunas plagas como, vaquitas o chinches, puede pulverizar las plantas con alcohol de ajo.

● Cuando riega trate de no mojar el fruto, pues se puede pudrir

● Coséchelos por lo menos, 2 veces por semana, pues si no siguen creciendo y se ponen duros y sin sabor.

Recuerde que los zapallitos con rayas blancas son AMARGOS !!!

Información nutricional
Los zapallitos aportan minerales como el potasio, además de vitamina A y fibras. Por su bajo contenido calórico, es ideal utilizarlos en planes de reducción de peso.

Tiempo de cocción
Al vapor	15 a 20 minutos
Hervidas	8 a 30 minutos.
Al horno	30 a 60 minutos
Olla a presión	2 a 3 minutos

Zapallitos al verdeo

Ingredientes
8 zapallitos largos pequeños
1 cda. de manteca
2 cebolla de verdeo
½ taza de caldo
80 g de queso parmesano rallado
Sal, pimienta y nuez moscada

Preparación
Lave los zapallitos córtelos a lo largo y ahuéquelos con una cuchara. Si los que va a usar son muy grandes deberá hervirlos 3 ó 4 minutos antes de utilizarlos.
Pele las cebollas, lávelas bien y córtelas en rodajas. Derrita la manteca en una sartén y dore la cebolla junto con la pulpa pisada de los zapallitos. Sazone con sal, pimienta y nuez moscada.
Añada por último el queso rallado, revuelva la mezcla y rellene los zapallitos. Colóquelos en una fuente para horno, rocíelos con el caldo y cocine durante 25 minutos.

ZAPALLO O CALABAZA

Asociación favorable: maíz y lechuga intercaladas
Asociación desfavorable: papas

Existe un gran número de variedades, con frutos de diversos tamaños, formas y colores. El más común entre nosotros es el zapallo de Angola, también conocido como calabacita.

Su origen se atribuye a la India, pero se han encontrado también en estado espontáneo en Africa.

En Europa fue introducido por los romanos, que se aficionaron mucho a este alimento, sirviéndolo en sus festines como entremés, mezclando la calabaza con miel por estimar que así ayudaba a digerir las carnes, siempre abundantes en los menús de sus banquetes.

Cuidados generales

Se produce en todo el país, pero prefiere clima cálido, exposición asoleada, humedad, terreno bien trabajado, fértil y protección del frío.

Se siembra en primavera y verano en la tierra directamente, si la zona es muy fría preparar almácigos protegidos.

Si lo que va a sembrar es calabacita, se siembran 2 semillas a la vez a una distancia de 1 metro entre plantas y 1 metro de promedio entre surcos. Si es un zapallo grande, hay que dejar el doble de lugar, para que el fruto se desarrolle bien.

Evitar que se pudran los frutos con el riego, para lo cual es necesario acolchar debajo de los frutos con pasto seco.

Para facilitar el desarrollo de los frutos, se aconseja despuntar las guías, dejando 4 zapallos cuando se pretende obtener variedades especiales.

Puede efectuarse la cosecha verde si se destina al consumo en estado tierno, o bien maduro, particularmente cuando se desea conservar para el invierno. El zapallo está maduro cuando se secan el peciolo y el zarcillo. Esta hortaliza se puede guardar un tiempo largo después de cosechada. El lugar tiene que ser seco, oreado, con temperaturas que oscilen entre 10 a 15 °C y además los frutos deben estar enteros. Acá también se puede aplicar el dicho popular de la manzana: una podrida pudre al resto.

Información nutricional

El zapallo es rico en minerales (tiene potasio, calcio, hierro y zinc y vitaminas A, del grupo B y C y antioxidantes como el betacaroteno.

Budincitos de calabaza

Ingredientes
2 tazas de leche
1 cubito de caldo de verduras
2 cdas de almidón de maíz
1 cebolla grande picada
2 cdas de queso rallado
1 taza de jamón picado
3 tazas de puré de calabaza
4 huevos
pimienta y nuez moscada

Preparación
Calentar la leche y disolver el cubito de caldo en ella. Hervir y añadir el almidón de maíz disuelto en ¼ taza de leche fría. Revolver y cocinar 3 minutos. Retirar del fuego y agregar la cebolla rehogada, el queso rallado, el jamón picado y el puré de calabaza. Mezclar y enfriar un poco la preparación. Agregar los huevos y condimentar con pimienta y nuez moscada. Rociar 8 flaneritas con aceite en spray y llenar con la preparación hasta 1 cm del borde. Cocinar a baño María 30 a 40 minutos. Retirar dejar entibiar y desmoldar. Se pueden servir calientes con guarnición de pollo salteado con cebolla de verdeo, o frío con fiambre.

Índice

Imprimió

Grupo Gráfico

Av. Cobo 1857 (C1406ILD)
Capital Federal - Tel 4921-2224
ventas@aktion.com.ar

Noviembre 2005